我在实践中研究教育

研究教育

——《教育研究》发表李吉林论文专集

李吉林 ◎ 著

教育科学出版社
·北 京·

教育之研究
以求真为上
导引教育为本

贺《教育研究》创刊卅周年喜庆
李吉林题二〇〇九·春

为《教育研究》题词
（见《教育研究》2009年第4期）

序

中国教育科学研究院副院长、《教育研究》原主编　高宝立

《我在实践中研究教育——〈教育研究〉发表李吉林论文专集》一书即将由教育科学出版社出版，该书集纳了李吉林老师在《教育研究》上发表的15篇文章和本刊记者对李吉林老师的专访，其中13篇是关于情境教育研究的论文。这些文章有不少我在杂志的编辑过程中认真拜读过，今天再细细读来，仍然觉得颇具新意，体会深切。从1981年第8期发表的《语文教学上的创设情境》到2017年第3期发表的《中国式儿童情境学习范式的建构》，这些文章展示了李吉林老师在漫长岁月里进行情境教育理论研究与实践探索的思想轨迹。从这一系列扎根于教学实践的原创性研究成果中，可以感知到李老师倾心于儿童教育的心路历程。粗略算了一下，36年间在《教育研究》发表了13篇论文，3年左右发表一篇，可以真切地感受到她严谨、求实、谦虚、好学、勇于探索、不断创新的精神品格和理想境界。全书呈现的是一线教师的教育创新范例，也是教育科研的成功典型。

读李老师的文章，会感受到在小桥流水般的娓娓道来中蕴含的一种昂扬大气，显示了情境教育理论和实践的探索，具有开拓性和时代性。无疑，李老师的研究是我国教育理论的一个标志性成果。李老师跳出学科看学科，跳出课堂看课堂，跳出教育看教育，站在整个社会和时代的高度来进行教育研究。这种问题意识，不仅是作者看问题的角度，同样也是一种看问题的

高度，以及看问题的深度，体现出了一种高远的境界。李老师在文章中决不会板着脸说大话，总是在侃侃而谈间倾诉自己深切的体悟，在论说中不自觉地抒发自己为儿童研究的深情。像《为全面提高儿童素质探索一条有效途径——从情境教学到情境教育的探索与思考》《情境教育的独特优势及其建构》《中国式儿童情境学习范式的建构》等，无一不体现了这一特点。在2013年年底举行的"35年改革创新、江苏情境教育研究所成立15周年情境教育成果展示会"上，李老师动情地说："情境教育这颗蕴含着为儿童发展内核的金色种子，在本土文化肥沃的土壤中种下，是时代的春风，让它萌发，一节一节地长大。"她言道，"是伟大的时代造就了我"，要用情境教育成果"向时代回报"，无不流露出紧扣时代脉搏的高度和一个儿童教育家丰富的精神世界。

事实正是这样，读李老师的文章，会感受到平实话语中流露出的强烈的责任意识和社会情感，感受到李老师的文章是带着温度的，在字里行间流露出对儿童的真挚的爱。李老师的13篇论文体现了一个中心的主题，就是儿童的全面发展、主动发展、个性的多元化发展。这种丰富的社会情感是由李老师长期扎根于实践，深入到儿童的内心，把握儿童发展的学习规律、成长规律的过程孕育而成的。这些都不是从书本到书本能够得到的，而是在实践中一步一步地探索和创造出来的。但其难度也是可想而知的。李老师在2013年10月23日发给我的邮件中谈到《学习科学与儿童情境学习——快乐、高效课堂的教学设计》一文的写作时说："这一次从学习科学角度来谈儿童的情境学习是首次，使情境教育迈上一个新的台阶。这是我酝酿已久的新课题。坦率地说，这篇稿子的写作难度不小，写得很费劲，但是为了情境教育的继续发展，为了更多的孩子快乐、高效地学习，我觉得自己劳累一点，还是挺有意义的。"话语中流露的是一个为儿童研究教育的老师深切的情感和责任担当，这篇论文在 2016 年年底同时获两个大奖：江苏省第十四届哲学社会科学优秀成果奖一等奖和第五届全国教育科学研究优秀成果奖一等奖，足见其学术水平。因为它不仅是用心之作，亦是用情之作。李老师的这 13 篇论文，我大致统计了一下，其中先后有 7 篇获奖，从另一个侧面也说明了其质量不一般。

读李老师的文章，会感受到作者锲而不舍的追求中体现出的创新精神和进取心态。李老师的研究和实践，总是在不断探索的过程中持续进行。历经了三十多年的不懈探索，李老师在不断提升理论思维的同时，努力贴近教育实践，又超越教育实践，从而有效指导教育实践，不仅构建了情境教育的理论框架，对我国教育理论创新做出了重要的贡献；而且建构了切实的操作体系，在教育实践中也产生了积极的示范引领作用。在本书中，《"意境说"给予情境教育的理论滋养》展现了从中华民族文化中汲取养料后的升华，同时李老师注意借鉴当代先进教育理论，并从脑科学、社会学、学习科学中找到理论支撑，《学习科学与儿童情境学习——快乐、高效课堂的教学设计》等文章，不断地丰富着情境教育研究的内涵，最新一篇《中国式儿童情境学习范式的建构》，则进一步凸显了情境教育理论和实践的文化特质及其深刻意蕴。正是不断学习、谦虚谨慎的态度使得李老师总有新的突破，总是在超越自我，总有新作问世，对教育理论和教育实践的影响深刻而持久，越来越显示了饱含中国教师民族自尊的高远之志，从民族文化中寻"根"，走中国教育自己的路。

我在《教育研究》杂志社工作多年，有幸较早拜读李老师的文章。我认为，编辑李老师的文章不仅仅是一个编辑的过程，对编辑们来说，更是一个学习、提高的过程。在编辑《中国式儿童情境学习范式的建构》过程中，李老师在 2017 年 2 月 9 日给我发邮件说："你们虽已决定发表我的稿子，但我总是以审视的眼光去找自己的碴儿，把稿子改了又改。想不到这却感动了你们的责编刘洁老师，我又深受鼓舞。"李老师这种精益求精的工作风格和科学严谨的治学态度，使我感触深刻，值得我们好好学习。在 2009 年《教育研究》创刊 30 周年时，我们请李老师给本刊题词，李老师欣然命笔："教育之研究，以求真为上，导引教育为本。"这表达了她对教育研究的真知灼见。面向全面建成小康社会，实现"两个一百年"中国梦的宏伟目标，教育现代化建设任重道远，需要建设一支专业化、高素质的教师队伍，需要教师积极投身教育改革发展，不断提升教育科研能力，在此基础上涌现一大批有思想、有思考、有思路的教育家。我衷心预祝李老师的教育主张不断绽放出新的光彩。

CONTENTS

目　录

《教育研究》激励我研究教育

——贺《教育研究》创刊35周年

《教育研究》创刊35周年，400多期满载着一篇篇内涵丰富的论述，不断把读者带到新的理论高度，给予读者丰富的理论滋养。回想1981年8月至2013年11月，30多年间，《教育研究》相继发表了我13篇文章，真实地记录了情境教育实践探索与理论研究的过程，反映了中国教育理论权威杂志对一名一线教师理论探索的积极影响，由此激励我走上了在实践中研究教育之路。

一、从美入手创设情境是可行的

我想从一个小故事说起，由此可窥见一个初学论文习作者胆怯而虔诚的内心世界。

1980年，我教的实验班升到了二年级，我初次涉足美学，深感其奥妙无穷，幻想着让小学阅读教学美起来。我试着从"感受美"入手，进而到"鉴赏美"、"创造美"、"教师诱发美"，有目的地通过创设情境，培养儿童的审美能力。我花了两个月的时间写成《运用情境教学，培养审美能力》。抱着试试看的态度，发给了《教育研究》。明知作为小学老师想在《教育研究》发稿，就是一个奢望，但天从人愿，1981年8月文章最终竟然发表了，真可谓"鲤鱼跳龙门"。文题改为"语文教学上的创设情境"，我心里默默地感谢着编辑部的编辑们。

稿子刊用后，不久我去北京参加会议，地点恰巧在《教育研究》编辑部附近。一种感恩和景仰交织的心理，让我想去一睹"庐山真面目"，我便独自一人徒步前往。《教育研究》名气大，房子却一点也不气派。我走进大门，沿着走廊好奇地四处张望，忽然从办公室走出一位男同志，见到我陌生的神情，和气地问我："你找谁？"我惶恐地回答："我不找谁，我是你们的作者，只想进来看看。"他接着问："请问你尊姓大名？"我说："我叫李吉林。"他十分诧异："你是李吉林？！我们还以为李吉林是男的呢！"话音刚落，两个人都笑了。他随即告诉我："你的文章发表以后，反响不错。"后来听说他叫夏宝堂，是副主编。

我的文章能发表，已经心满意足。真没想到，读者中还有这样的好评，顿觉一阵激动。这篇文章的发表对我起步的探索非同小可，它告诉我："从美入手创设情境是可行的"，情境教学的探索之路可以继续往前走。不久，夏宝堂先生竟向我约稿，要我写一篇关于语文教学如何进行思想教育的稿子。我想，为什么要约我这无名小卒写呢，分明他是从上文中已看到情感对儿童思想影响的作用，我一下子领悟到编辑的意图。我充满信心，题目就是"试谈小学阅读教学中的思想教育与情感陶冶"，稿子很快发表在 1982 年第 4 期上。

"发稿 + 约稿"，让我感悟到情感在情境教学中的作用不可小视。心中涌动着一股不可遏制的驱动力，像年轻人那样的一种蓬勃向上、昂扬地向前迈步的热劲儿。这对我在数年后提出"情感活动与认知活动结合起来"的主张，起了重要的激励和导引作用。

二、实践中的研究需持久地下功夫

由此我开始意识到，作为一线教师，不应局限于教学方法的改革，在探索中应该研究教育。但究竟怎么研究，心中是一片朦胧。只是琢磨着向自己发问，从现象中提出问题："你为什么要这样教，而不那样教？""这样做效果为什么好？"从"果"追溯出"因"……概括起来就是"是什么"、"为什么"。这便是当时自己悟出来的最通俗的教育中的研究。

实验班的学生毕业后，全班学生以非常出色的成绩向社会证明了情境教学的优越性。我问自己情境教学促进儿童发展的要素究竟是什么？回顾1~5年级的教学与研究，我概括出了"五要素"。第二年暑假我将此写成《从整体出发，着眼儿童发展》一文，寄往《教育研究》，1985年1月就发表了。

论文的发表更增强了我的信心。虽说是走在探索的路上，但是脚步迈得踏实了，因为权威杂志的发表，暗示着一种认可，形成一种激励。"五要素"为情境教学走向情境教育做了重要的铺垫并起到了对老师操作的引领作用。

当情境教学向各科拓展，各科都需要把握情境教学的理念与操作要领。此时，深感要研究教育，必须要有理论的导引，而理论的功底不足正是自己之"短"。既知"短"，我想不必避，而要"补"。把理论与实践结合起来，是研究教育的必由之路。我立刻付诸行动，探索的面宽了，功夫下深了，那时我比较早地发现，"当儿童在学习活动中感受到乐趣时，学习才会成为自我需求"，"这是教学成败的关键"。有了理论，文章就有了骨架，到90年代我写成的《情境教学：学得生动活泼的有效途径》，就仿佛立起来了。这篇论文的质量提高一大步。我在文中阐述自己新的理念："教学活动理应顺乎儿童发展规律，点燃智慧的火花，滋润情感的幼芽，让他们显示各自的聪明才智和潜在力量。"揭示了"在探究的乐趣中持续地激发动机"，"在审美的乐趣中感知教材"，在"训练感觉"、"培养直觉"、"感受创造的乐趣"中"启迪潜能"的具体路径。

这篇论文作为开篇，发表在1991年第11期上。这样的安排让我觉得编辑部很看重这篇文章，这又成了一种新的激励。此文距离上篇写"五要素"的文章，相隔近十年之久。让我更深地感受到在实践中研究教育，要心无旁骛，要持久地下苦功、下细功。此后相继写成《"情境教育"的探索与思考》以及《为全面提高儿童素质探索一条有效途径——从情境教学到情境教育的探索与思考》两篇论文。前一篇是1993年在纪念小平同志"三个面向"发表十周年大会上的发言稿；后一篇则是在全国"情境教学—情境教育"学术研讨会上我的主题汇报。没想到的是，两篇发言稿都被参会的《教育研究》编辑选中，分别在1994年第1期，以及1997年第3和第4期上发表了，真令我喜出望外。

三、攀越"真"、"新"、"精"的高度

于是，我琢磨着这是为什么？得出的答案是《教育研究》发表的稿子，讲究的第一个字是"真"，第二个字是"新"。研究教育就是要"真研究"，要拿出"新东西"。文中所述的是亲身经历的真实的探索过程，写出了新的认识，新的感悟。无论是情境教育的四大基本模式，还是基本原理，都是十几年来探索中的创新成果。资深学者鲁洁教授认为，情境教育解决了"符号学习与真实世界断裂"的一大难题；而主题性大单元课程为课程走向综合，德育的全覆盖找到了突破口；核心领域提出的"把学科课程与儿童活动结合起来"的重要主张，保证了儿童在课堂中的主体位置，主动建构知识。专家认为，情境教育弥补了杜威"活动课程论"缺乏系统性的不足。

进而我又想，追求"新"，并不意味着单纯地引进西方现代的教育理论，洋为中用，还要古为今用。而我们的民族文化博大精深，从儒学、道家到教育论述，乃至古代文论都是宝贵的文化遗产。虽然年代久远了，然而它就像金子，不生锈，不霉变，仍然熠熠地放出光辉。"意境说"蕴含的古朴的美

学、心理学和创造学原理，无论是时间之早，生命力之强，在全球来看，都显示了中国文化的不朽。由此进一步激励我去寻根。中国文化的根是教育创新的永不枯竭的源泉。

于是我从民族文化中寻根，从《文心雕龙》中长期地反复研读、领会，终于从中概括出"真、美、情、思"四大要素，这四个字闪着光亮。于是，我把自己的收获写成《"意境说"给予情境教育的理论滋养》。

正如《教育研究》编者在内容摘要中所说："在情境教育的探索过程中，中华民族的文化给予其深厚的理论滋养……进一步支撑了整个情境教育的研究和情境课程的开发。"

我读后，甚为激动。"求真"，"求新"，我又自悟出"求精"。这进一步让我感悟到编者其实就是在导引着作者去攀越"真、新、精"的高度，创新必寻根。寻根的过程正是创新的过程。

这样的认识鞭策着自己去攀越，当然我不可能像登山运动员那样登上高峰，但思想的高度是不能降低的。正因为寻到根，在2008年举办的"李吉林'情境教育'国际论坛"上，我以"中国情境教育建构及其独特优势"为题做主报告（该稿后经过修改在《教育研究》2009年第3期上发表）。正是民族文化的意蕴，让我有底气面对世界，踏实地介绍中国式教育研究的成果，而且又从脑科学的最新成果找到理论支撑进行阐述。专家与媒体评价："这是回应世界教育改革的中国声音"，从中国人的国格来讲，可以扬眉吐气了。

"求精"是没有上限的，更觉思维空间之宽广。从理论建构，到形成体系，这首先是整体上求"精"。通过回顾，我加深了自己对探索成果的认识，写成《情感：情境教育理论构建的命脉》（发表于《教育研究》2011年第7期）。情感构成了情境教育理论构架的内核，"情"是教育的"魂"，是情境教育的命脉。记得那次稿子发表前，责编与我通话，说："你的文章我读了很激动。"这让我收获到意外的喜悦,写文章时的辛劳顿觉消散,而且更让我主动地要求修改原文。这种真情的驱动,激励我修改时从哲学的角度,写出了没有表达过的见解:"许多思想的萌发、形成,连同设计常常是在内心情感的涌动中产生,连同许多细节都会思量到,而不至忽略……看似一对对矛盾,都是因为考虑儿童发展的多侧面、多元化而未顾此失彼。所有这一切都是采取兼容的学术态度,使情境教育蕴含了朴素的哲学意味。这在我个人的探索中,几乎是一种自我超越……"这正是求"精"中的一个实例。

对"真、新、精"的高度的攀越,激励着我不肯停步。我不断学习新的理论,运用新的理论。所以,在学习脑科学后,我继续学习"学习科学",并对照运用到情境学习中,这使我茅塞顿开、欣慰无限。我首先将其运用到教学设计中,写成《学习科学与儿童情境学习——快乐、高效课堂的教学设计》(发表于《教育研究》2013年第11期),从中我窥视到了儿童学习秘密的黑箱一角,进而又产生去构建中国的儿童情境学习范式的意愿。这张蓝图,现已在我的眼前日益清晰起来。

回顾30多年《教育研究》的扶持与激励,我想引用主编高宝立先生在发言中概括的一句话:"李老师的13篇文章体现了一个主题,就是关注学生的全面发展、主动发展、多样化的发展。"这是时代赋予的使命,使我坚持在实践中进行教育研究,在为了儿童发展的过程中自己也能像儿童一样长大。

(原载《教育研究》2014年第4期)

语文教学上的创设情境

小学语文教学，因其本身具有美感的特点，使它成为审美教育中的一门重要课程。美，总是存在于形象之中，语文教学中的审美教育，必须伴随着形象进行。离开了形象，就谈不上审美教育。为了给学生以完整、鲜明、生动的形象，近年来，我试着运用创设情境的教学手段，有目的地进行审美教育，培养学生的审美能力，以促使学生由爱美而动情，由动情而晓理，由晓理而践行。由此通过情感的培养，进一步发展学生的智力，并有效地提高学生的读写能力。

在小学语文教学中，创设情境，培养审美能力，是渗透在教学过程中，密切结合读写教学进行的。现行小学语文教材里，那些可歌可泣的英雄人物的故事，那些优美的诗篇、有趣的童话、蕴含哲理的寓言，描写了许多美的人和事——以优美的语言文字，反映了自然之美、社会生活之美，乃至艺术之美。可以说，小学语文课本既是学生学习语言文字的教科书，又是对学生进行审美教育的教材。因此，运用创设情境的教学手段培养审美能力，主要是凭借语文教材，并结合作文题材，创设有关的情境，让学生在其中感受美，学会鉴赏美，练习表达美，从而逐步提高审美能力。

一、引入情境，感知美的表象

培养学生的审美能力，首先要培养学生感受美的能力。美是客观存在的。一个人不懂得感受美，就无从鉴赏美，更谈不上创造美。因此，从感知美的表象培养学生感受美的能力，是审美教育的基础。

（一）带入图画描绘的情境，要静中有动

小学语文教材中，许多课文是图文并茂的，由图画带入课文描绘的情境是常用的手段。但从图到图，局限于静止的画面，学生往往进入不了情境。恰当地使感知的客体呈现运动的状态，会增强感知的效果。如教《荷花》一课时，我在学生面前展现了一幅荷花的图画，设计了一项练习"我（　　）地看着荷花"，让学生想象课文中的"我"怎样看着荷花，使自己仿佛也变成一朵荷花，与满池的荷花一起舞蹈。要完成这一项练习，学生必须看着画，体验"我"看荷花的心情、神情。他们说："我久久地看着荷花。""我入神地看着荷花。""我深情地看着荷花。""我凝神地看着荷花。"……随即我启发学生想象：仿佛自己也来到荷花池边，把画中的花看成池中的花，也这么凝神地、深情地看着。我抓住课文中"一阵风吹来"、"风过了"表示叙述层次的词语，让学生有条理地展开想象，同时放了一段与课文内容有关的音乐，让学生凭借音乐的形象感知图画中的形象，理解课文语言的形象。鲁迅先生说过："音美以感耳"，"形美以感目"。音乐声起，学生凝神视之，细细地体察着，美滋滋地品味着。这就促使学生的视觉、听觉、嗅觉多种感官协同作用，并运用自己的想象和联想，使感知的美的表象分外丰富。学生说："我仿佛觉得荷花突然长高了。""我自己也摇摆起来。""我好像闻到荷花的清香。"显然，学生体会到了画中的情，听到了画外的音，深深感受到白荷花色彩的淡雅、静态的庄重、动态的轻柔。学生因荷花之美而产生爱荷花、爱大自然的情感，进一步激发了学生学习的欲望，他们爱读这篇描写荷花的课文，观察力和想象力同时得到了发展。

（二）带入生活的情境，要有声有色

学龄儿童对美的感受，总是从初级的美感能力发展到高级的美感能力。自然美是小学生最容易感受到的，大自然是对学生进行审美教育的生动课堂，更何况大自然的奥秘还是启迪学生智慧的刺激物呢！绚丽的朝霞，落日的余晖，灿烂的星空，雨后的绿树，云雾笼罩的山峦，默默无声的野花，欢蹦鸣叫的鸟雀……那强烈的色彩感，壮美与柔美和谐统一的各种线条美、形体美，以及各种充满活力的声音，都给学生以特别丰富的自然美的感受，帮助学生积累了不少美的表象。正如美学家车尔尼雪夫斯基所说："美即生活。"直觉是可贵的因素，因此，我结合作文教学，常常把学生带入大自然的某一场景中，感受生活情境的美。随着学生年级的升高，还必须逐步地让学生感受社会生活的美。美虽然来源于生活，但绝不等于生活中的任何现象都是美的，还需要教师认真创设情境，选取那些生动的、形象鲜明的、健康的美的情境。这样，学生所感知的表象才是美的。

例如，我结合作文教学，开展"好哥哥好姐姐"的活动。活动的主题就使他们兴奋，让他们顿时觉得自己长大了几岁，对他们人格的形成起了良好的催化作用。那天，学生一个个兴冲冲地来到幼儿园。有的绘声绘色地讲着故事，身边围着一群可爱的小朋友；有的举着自己制作的风车领着小朋友跑，风车飞快地转动着，孩子们欢快地奔跑着；有的搀着小朋友攀上滑梯，递上心爱的望远镜，让小朋友享受登高远眺的快乐；有的像小老师那样教小朋友折飞机、折小鸟……在这种丰富多彩的活动中，小孩子乐，大孩子更乐。在幼儿园小朋友面前，小学生俨然是一个"大人"，一下子变得懂事多了。他们亲眼看到了幼儿园小朋友在"好哥哥好姐姐"爱抚下的可爱的笑脸，亲耳听到了小朋友悦耳的欢声笑语，体验到能帮小弟弟、小妹妹做点好事的愉快的心情。此情此境中，关心他人、帮助弱者的种子也悄然播撒到他们的心田里了。活动后，他们写的作文充分流露了这种感情。

（三）带入想象中的情境，要可见可闻

教材中有许多情境是无法直接进入的，而且学生也不能总是用那些能看见的形象来思维。这就需要教师通过描述，把学生带入想象中的情境。尤其是一些抒情的、富有幻想的章节，更需要运用描述启发学生。《珍贵的教科书》写的是一个壮美的、感人至深的故事。故事中的张指导员为了一捆教科书，英勇献身。教学时，我深情地描述着："'敌机无情地扔下了炸弹，我被炸晕过去了。当我醒来时，我看见张指导员倒在血泊中。我扑过去，大声地呼唤着指导员。'现在小朋友仿佛就是课文中的'我'，你怎么呼唤着指导员，你看到这时的指导员什么样？你听到指导员在说些什么？"教师的语言对学生的感知往往起着调节支配的作用。这一段话，把学生带入那战争年代，眼看着指导员为了保护一捆教科书而奄奄一息的感人场景。接着我紧扣课文中的"扑"、"大声喊"、"微微地睁开眼睛"、"叨念着"、"两眼望着那捆书"这些描写人物动作、神态的词语和表示说话断断续续的省略号，指导学生朗读。看得出，学生全身心地沉浸在这动人的情境中，他们仿佛看到了血泊中的指导员，看到了那沾着指导员鲜血的教科书，听到了指导员最后的嘱咐。读着，想着，一些学生激动得泪水夺眶而出，学生深深感受到这捆教科书的珍贵，理解了指导员崇高的精神境界，一个革命战士的心灵之美。

学生的认识总是从感知开始，通过感知形成表象。运用创设情境的教学手段，强调形象的鲜明、生动、完整，这就使被感知的事物达到一定强度，引起有效感知，增强感受性，使表象清晰、丰富，为思维、想象提供丰富的感知材料。创设情境的目的，就在于引导学生从"境"中见到"形"，从

"形"中感受到"美"，进而从"美"中产生"情"。

二、分析情境，理解美的实质

审美教育的中心环节是从审美感受提高到美的鉴赏，从而理解美的实质。从认识过程来说，虽然是从感性认识上升到理性认识，但形成审美观念的认识过程的飞跃，仍然应伴随着形象。因此，必须很好地引导学生分析情境，由表及里、由此及彼地理解美的实质。

（一）提供分析美、理解美的必要条件

理解美的实质，要经过一番去粗取精、去伪存真的过滤的过程。这对逻辑思维尚弱的小学中低年级学生来说，需要教师提供必要的条件。要促使学生从感性认识上升到理性认识，必须给予丰富的感知。为了对学生进行为"四化"立志成才的理想教育，我邀请了著名书画家范曾同志和学生见面，并以此为题材作文。那天，范曾同志在学生的一致要求下，当场作画。学生亲眼看到范曾同志在十几分钟内画出巨幅的栩栩如生的李白画像，无不感到新奇。学生钦佩、叹赏，充分感受到一个书画家怎样用手中的笔创造艺术美，为分析情境、理解美的实质提供了条件，做了必要的铺垫。于是，我让学生提出："范曾叔叔，您怎么画得这么好的？"最后根据授课计划的安排，范曾同志又写了"苦练精思"四个字，高度概括了他成才的"诀窍"。这就促使学生从感受一个艺术家创造的艺术美，认识到艺术家为创造艺术美长期进行艰苦劳动的精神世界的美。

（二）教师引导，帮助学生分析理解

提供了必要的条件，便于学生分析理解，但教师的引导仍然是不可缺少

的。这种引导是在学生认识的过程中，紧密结合教学进行的。《视死如归》一课，记叙了王若飞同志在狱中的动人故事。创设情境的教学手段的运用，似乎把我和学生一起带到了课文中描写的那个旷野上。敌人色厉内荏，王若飞昂首挺胸，怒目而视。课文上这样写道："王若飞站定了，抬头望着北边那巨人似的大青山。大青山连绵起伏，在夜色中显得更加雄伟。"学生提问："写王若飞同志，为什么要写大青山呢？"我意识到解决这一问题，可以帮助学生认识王若飞同志崇高的精神境界。我便一步步引导学生去分析情境：首先让学生抓住"巨人似的"这个比喻词，想象苍茫暮色中大青山的雄姿，映照王若飞同志在敌人面前大义凛然、视死如归的英雄形象；进而扣住课文中"王若飞站定了"、"抬头望着"等刻画王若飞形象的词语，想象王若飞背对敌人的枪口，远眺大青山时的所思所想；再通过让学生有感情地朗读，体会到大青山坚不可摧，王若飞壮怀激烈，为了党的利益甘洒热血的立场，如同大青山一样，决不动摇。学生的感情升腾了，他们从课文描写的"景"理解到"情"，从人物的形象理解到英雄的内心世界。所谓"意美感心"，就是把理解美的实质和情操的陶冶、道德观念的形成融合在一起。

（三）交给学生一把标尺，让学生在自我实践中学会分析理解

培养学生鉴赏美的能力，根本目的是使学生不待教师引导，自己在生活中能运用概念，分辨美丑，做出正确的判断。教了《美丽的大红鸡》后，我抓住课文中老马的话："美不美不在外表，要看能不能帮助人们做事。"这句简短的话，揭示了"美"的真正内涵。我便布置了这样一道题：用老马的话，去衡量周围的人，谁美谁不美？几天后，学生纷纷在观察日记中发表了自己的看法。

从学生的观察日记里可以看出，他们对自己观察到的生活的情境已进行了由表及里的分析，能逐渐学会对美丑做出正确的判断。青少年能分辨出真、善、美与假、恶、丑，他们所追求的、向往的必然是美好的、健康的崇高境界。在进行思想道德教育的同时，结合审美教育，就可以取得相得益彰的效果。事实正是如此，学生对祖国山河的热爱，对英雄人物的崇敬，对未来的憧憬，对老师的尊敬，对同学、对他人的热忱，甚至对小动物的怜爱，都反映了学生的情操与美的陶冶是分不开的。

这样，在感受美的基础上，通过观察、体验、想象、情感四种心理功能的综合，促使学生逐步形成对美的认识。这个认识的过程，又必然促进学生世界观的形成和逻辑思维的发展。

三、再现情境，表达美的感受

创造美是审美教育的最终目的。在小学语文教学中，创造美主要表现在运用祖国的语言文字表达美的感受。通过美的感受表达以后，学生对美的认识会更明确，感情会随之而深化。这种以表达美的感受为内容的语言和思维的协同活动，必然促进学生创造性思维的发展。思维的创造性，正是一个人智力的最高表现。我们发展学生的智力，最高目标就是要发展这种创造性的智力。这种提升表达能力和发展智力的活动又是伴随着情感进行的，其效果就不同于一般。所以，我对表达美的教学活动非常重视，经常以美的事物为题材，结合阅读教学进行短小的、大量的句和段的训练，结合作文教学更充分地进行篇的训练。

（一）激起表达美的欲望

表达美的感受是一项创造性的劳动，充分调动学生表达美的主观欲望，尤为重要。孔子说过："知之者不如好之者，好之者不如乐之者。"这句话是很有道理的。凡是对作文望而生畏的学生，就不可能写出好文章。要激发学生表达美的欲望，前提条件是让他们充分地感受美的事物。感受越充分，提供的想象和思维的材料越丰富，学生表达美的欲望就越强烈。为此，我常常把观察、感受、表达三者结合起来，使创设的情境既是感知的客体，又是生动的语言环境。校园里的花儿开了，学生每日从花圃边走过，但并不是每个人都能充分地感受到其美的。我便请老园丁向学生介绍校园里花儿的名称和特点，再引导他们观察花的色彩和姿态。通过引导，孩子们像蝴蝶和蜜蜂似的飞到花圃里去了。清晨，他们在花圃旁边看着刚睡醒的花儿，沾着晶莹的露珠，迎着朝霞开放；课间，他们伫立在花圃旁看蜜蜂和蝴蝶怎么在花丛中采花蜜、传花粉。有一个学生，久久地站在蝶恋花旁，我问他观察到了什么，他说："我知道蝶恋花是指蝴蝶恋它，那么蜜蜂恋不恋它呢？我看见蜜蜂也在上面飞来飞去，原来蜜蜂也爱蝶恋花。"学生看到校园里的花儿色彩各异、姿态万千，忍不住把脸贴着花儿，心里美滋滋的。有个学生双手捧着花儿闻了又闻，谁知沾了一鼻子的花粉，他竟舍不得擦掉，翘着鼻子跑来告诉我："李老师，你看，我都变成小蜜蜂啦！"学生沉浸在鲜花盛开的美的情境中，深深地感受到校园里花儿的美。他们胸中已经装了不少美词、美句、美的形象。"情动而辞发"，学生已处于一种跃跃欲试、呼之欲出的状态。作文课上，稍经指导，则水到渠成，他们谁也没有愁眉苦脸，个个表现出乐陶陶的神情。

（二）教给表达美的方法

有了表达美的欲望，教师还必须给予方法上的指导，帮助学生表达好。美育和智育总是相辅相成的，要提高审美能力，就需要学习文化，增进知识。表达美的感受，首先要有一定数量的词汇。我经常有意识地凭借创设的情境，引导学生运用学过的词语。从学生刚入学的第一个学期起，我就帮助学生积累词汇，有计划地教给他们一定的句式和修辞手法。《放风筝》一课，描绘了三种风筝在天空飘荡的美姿。我便让学生学习课文中的叙述方法，按"（　　）的风筝，（　　）地飞着，好像……"的顺序，描写更多的风筝。学生津津乐道："有趣的大蜻蜓，稳稳当当地在空中飞着，两只大眼睛咕噜噜直转，好像在天空中寻找飞虫。""美丽的大蝴蝶，扇动着两对大翅膀，仿佛在花丛中采花蜜。""鲜红的大金鱼摆着大尾巴，好像在和春姑娘玩耍。""绿色的鹦鹉，翘着小嘴，好像在向小伙伴学话呢！"……在这种既活又实的训练中，学生学习表达方法，并感受祖国语言文字的美。我还把通用教材第五、六册，根据课文内容归类。我把第六册教材分成"写革命艰苦岁月的"、"写革命领袖的"、"写英雄人物的"、"写科学家的"、"写动物的"、"写植物的"、"写景物的"、"写建筑物的"和"其他方面的"共九个单元。这种把同一题材的文章相对集中的做法，便于教师从同一题材的不同角度揭示表达方法的规律，促使学生进行类比，以触类旁通、举一反三。我还通过再现情境，在表达上做具体指导。前些时候，我结合"植物"这一单元的教学，带领学生去观察野花。在许多野花中，蒲公英的特点别具一格。那毛茸茸的种子随风飘去，在蓝天飘飘悠悠，最后落在哪儿，就在哪儿生根、长叶、开花。这诗一般的情境，足以陶冶学生的情操。我便以"我是一棵蒲公英"为题，让学生作文。这个题目，实际上就是蒲公英的自述。上课开始，我在题目下面画了一棵很大的蒲公英，在圆圆的花盘上，点上一对眼睛、一张小嘴巴——那全然是一个小朋友的笑脸。学生顿觉兴奋，好像自己就是一棵蒲公英。再结合题目，他们很快就懂得这种自述的文章是用第一人称"我"来叙写的。接着我便凭借这人格化的蒲公英创设情境，教给他们表达方法。我启发他们："现在有许多小朋友不认识蒲公英，你准备从哪些方面介绍自己的特点呢？"

学生想到:"首先要介绍我的名字、我的模样。""还要介绍我的家。"我进一步启发:"你的家在哪儿?你家里有什么人?"学生领悟:"路边、墙头、河岸都是我的家。""野花是我的姐妹。""小草是我的兄弟。""土壤是我的妈妈。"接着我紧扣蒲公英种子会飞的特点,着重指导学生怎样写好"我的理想"这一段,使学生懂得,"自述"的文章要抓住特点一层一层地介绍清楚,而且要抓住主要特点重点介绍,教给学生有详有略的叙述方法。最后我又启发学生回忆蒲公英种子在蓝天飞翔的情景,让他们凭借已获得的美的表象,展开想象,教给他们把观察和想象结合起来的表达方法。

(三)开拓表达美的天地

既然表达美的感受是一种创造性的活动,给学生驰骋的天地就应该是广阔的,而不是狭小的。学生在学了《富饶的西沙群岛》《珊瑚》《海龟》和《海底世界》四篇有关海的课文以后,浩瀚的大海、奇妙的海底世界成了学生心驰神往的地方。于是,我凭借教学四篇课文时先后创设的情境,引导学生做一次综合性的练习,写一篇《漫游海底世界》的作文。这个题目对学生的吸引力太大了,他们简直兴奋得想欢呼起来。光怪陆离的种种幻想,使他们的小作品也闪着奇异的光彩。他们有的幻想自己已经成了一名海底探险家;有的幻想当上了海洋研究所的所长,驾驶着高速潜水艇来到大海深处;有的幻想带了激光手枪,准备到大海探险;有的幻想带了机器人、机械手,在大海深处探索。他们有的穿过美丽的珊瑚丛来到水晶宫;有的遇上了善良的美人鱼;有的却和虎鲸大战起来……真是有趣极了。学生在美的表达中,美好的理想给他们带来了多少诱惑力!这种美感的迁移,又激起了学生去追求新的知识的欲望,并为实现美好的理想而努力。写这样的作文,学生兴趣盎然,竟然入了迷,不肯下课。学生写的最长的文章有两千字。学生乐于表达，善于表达。最近，我班三名学生参加全市看图作文比赛，二人获得一等奖，一人获得二等奖。这进一步说明了审美教育对学生的能力和智力的促进作用。

四、驾驭情境，诱发审美动因

人的审美活动是两种信号系统协同作用所反映的情感活动。没有情感的审美活动是不存在的。因此，诱发学生的审美动因，是审美教育成败的关键。既然审美活动是以情感为核心的心理活动，那么，诱发其动因，就要从诱发学生的情感着手。如何以情境教学的"境中之情"去拨动学生胸中的情弦呢？中介就是教师之情。运用创设情境的教学手段，教师必须满怀热情，创设情境，体察情境，很好地掌握情境。

（一）情要真

在小学生的心目中，教师对事物所持的态度往往是学生爱憎的标尺。教师对学生感知的客体，不以为美，无所谓爱，学生怎么会感到美、产生爱呢？"没有情感的思想是冷冰冰的"，是毫无感染力的。我以为小学语文教师特别要有一颗纯真的童心，对生活中美好的事物要像小孩子那样感到新奇，无限喜爱，努力使自己的情操高尚，爱伟大的祖国，爱社会主义，爱我们的党，爱生活中一切美好的事物。教描写英雄的课文，我首先觉得英雄是我的榜样，以自己既是受教育者又是教育者的情感去感染学生。最近，中国乒乓球代表团荣获七项世界冠军，我决定作文课上让学生集体讨论，以班级的名义，给为祖国争光的乒乓健儿写封信。上课了，我郑重地报告这一喜讯。我越讲越兴奋，有个小朋友说："李老师，您的脸都讲红了。"我说："因为我太激动了。"老师的真切情意必然使学生受到极大感染。小朋友都说全班写一封信太少了，要每人写一封，还要寄上小礼物。他们有的寄上一根美丽的羽毛，愿自己变成一只小鸟，飞到叔叔、阿姨身边表示祝贺；有的从家里摘下两朵最美的长春花，一朵送给男子队的叔叔，一朵送给女子队的阿姨，愿叔叔、阿姨像长春花一样常开不败；有的寄上长江边的一块小石子，表示一个生长在长江边的孩子的美好祝愿；有的写了字，画了画，还作了诗。真是"一封信儿一颗心，小小礼物寄深情"，学生和教师的感情发生了共鸣。我想，如果自己无动于衷，学生也绝不会如此心潮澎湃。

（二）心要热

在情境中，学生能不能感知美的表象，效果如何，在很大程度上靠教师精心创设。备课时，我总是设身处地地从学生的角度去考虑：学生在情境中会听到什么？看到什么？有没有美感？好不好表达？

在学生学完《落花生》一课后，我想引导学生加深对事物品格的认识，在习作中写出其内含的哲理。于是，我想到了牛。那几天是大热天，太阳火辣辣的。早晨，我戴上草帽，骑着自行车到田野去寻找牛，可是在郊区转了几圈都没有看见老黄牛的影子。于是，我又想到了水牛，我是多么希望在浅浅的小沟里发现那长着大角的水牛。我沿着小河岸找了好久，仍然找不到水牛。我仍不罢休，心想：老黄牛、水牛找不着，那就找奶牛，奶牛场多着呢！我一口气骑到奶牛场，老远就看到了一头头白底黑花的奶牛，看到了那瓜藤、青草等饲料和一桶桶白花花的牛奶。鲁迅先生的"奶牛吃的是草，挤出的是奶、是血"的名言在这里形象地展现着。此时此刻，我为孩子的习作找到了理想的观察客体，心里就像这夏日的阳光，热乎乎的。第二天，我带孩子们来观察奶牛。作文课上，孩子们用自己的笔写出了一篇篇富有哲理的小品文，他们运用美的语言表达了这一美的情境。

（三）意要远

在审美活动中，学生需要展开想象，产生联想。要学生想得远，教师必须更上一层楼，居高临下，想得更远、更广。一次学生和书画家范曾联欢，作文描述的重点部分，无疑是看范曾作画。但是，艺术家很讲究灵感，讲究"兴之所至"，不想先画给我看。我心里很着急，如果对画面心中无数，如何启发学生展开想象、进行联想呢？我只能先看他画其他的历史人物。我挤在人群里看着，揣摩着。当我看到他在画历史人物时，历史人物一般都系着腰带，于是，我向范曾同志提出：希望他画李白时，让腰带飘动起来。他一口答应："可以。"既然腰带飘动着，说明李白是站着的，而且必然在旷野。备课时，我便抓住那飘动的腰带想象开了……课堂上，当李白的形象在学生眼前展现时，我就启发学生："此刻李白站在哪儿？是江风还是山野的风吹动了他的腰带？"一个问题，把学生带进了诗的情境中。他们从画面联想到曾经学过的李白诗的意境，有的说，李白这时站在江边目送着孟浩然，小船消失在水天之间，说着就背起"孤帆远影碧空尽，唯见长江天际流"的诗句。有的说，李白可能站在庐山上，看着香炉峰上的瀑布作起诗来，"日照香炉生紫烟，遥看瀑布挂前川"。有的想，这像什么呢？啊，这多像"银河落九天"啊！有的想到李白可能站在江边的岩石上，望着天门山。有的还想到李白和敬亭山"相看两不厌"……

我感到，教师情真，才能以情动情；教师心热，才能点燃智慧的火花；教师意远，才能在学生的前面开拓其思路。这样就可以从审美感受开始到创造美，全面诱发学生审美的动因，使审美教育收到预期的效果。

两年多来，我在小学语文教学实践中，试着运用创设情境的教学方法，从学生感受美、鉴赏美、创造美和教师诱发美四个方面，努力去解决审美教育的基础、中心环节、根本目的和关键等方面的问题，深深感到审美教育是学校全面发展教育中必不可少的重要组成部分，它对于语文教学来说，不仅是教学目的之一，也是在语文教学中进行道德教育、发展智力、培养读写能力的有效手段。

（原载《教育研究》1981年第8期，

于1985年12月获《教育研究》研究教育现实问题优秀文章奖）

试谈小学阅读教学中的思想教育与情感陶冶

儿童的心田是一块奇异的土地，教材为我们提供了金色的种子。教师应该及早地在儿童的心田里撒下这些闪烁着共产主义思想光辉的种子，让它们开花结果。我们在语文教学中，应该在使儿童掌握语文工具的同时，切实进行思想教育，充分发挥语文学科的教育作用。这不仅是培养全面发展人才总目标的需要，也是语文教学本身提高质量的需要。

一、准确把握教材中心

小学阅读教材思想教育的内容是很丰富的，它的题材，包含了热爱党、热爱祖国、热爱人民、热爱社会主义情感的培养，也包含了有关群众观点、劳动观点、阶级观点和辩证唯物主义观点的教育，但是就每篇课文而言，又各有其个性。因此，无论是通过阅读教学进行思想教育，还是进行语文知识的教学，首先都需要准确地把握教材的中心。问题是教材的中心因时代特点的不同，因教师着眼点的不同，而可从不同的角度去理解。因此，准确地把握教材中心，就显得十分重要。一般可从作者的思路，编者的意图，时代的特点三方面进行探求和推敲。

把握作者的思路。作者写一篇文章，都有自己创作的动机，或着力阐述某一观点，或抒发某种感情。正如叶圣陶先生所说："作者思有路，遵路识斯真。"要把握作者的思路，就必须从文章的选材、所塑造的人物形象和结构布局、遣词造句入手，来弄清作者歌颂什么、反对什么。不过，作者的思路在作品中的表现很不一致，有的较"显"，易于掌握；有的较"隐"，难以捉摸。《月光曲》属于后者，需要我们细细琢磨。这篇课文写的是贝多芬创作著名钢琴奏鸣曲的一个动人的传说。作者写这样一个传说，想告诉读者什么呢？文章的重点部分，是作者用笔墨最多的地方，我们往往可以从这里窥见作者的思路。我想，如果作者抒发贝多芬心中的不平，为什么要描写莱茵河畔这宁静的月夜，以及那联想中大海上的明月？又为什么要写这月光映照下的盲姑娘？穷兄妹听了这抒发不平之情的乐曲为什么没有伤感和激愤之意，却是"恬静"，却是"眼睛睁得大大的"，却是"陶醉"呢？经过一番揣摩，我认识到作者之所以描写这样的情景、这样的画面，是表达贝多芬用自己的音乐，把穷苦的盲姑娘带到一个自由、美好、光明的天地中的愿望，以此告诉读者贝多芬对穷苦人民寄予的深切同情。我想对中心这样的理解，比较符合实际。贝多芬自己也这样说过："我的艺术应当只为贫苦的人造福"，"当我能接近这地步时，我该多么幸福啊"。

　　理解编者的意图。 理解编者的意图，对于准确把握教材的中心，是十分必要的。《三味书屋》，从题目到参考资料的说明，似乎都是介绍三味书屋这个有纪念意义的处所。但是翻开鲁迅先生的《从百草园到三味书屋》，其中有关三味书屋的叙述，大体和改写后的教材相似，唯独没有关于鲁迅先生课桌上"早"字的来历。那么编者在改写时，为什么要补上这一事实？这绝不是兴之所至。这就很有必要同时理解编者的意图了。编者将此篇与《我们就从这里出发》一诗组成一个单元，就不难看出《三味书屋》这篇课文的中心应该是赞颂鲁迅先生从少年时代起就磨炼时时早、事事早的进取精神。除了从单元的组合看编者意图外，还可以从书后的习题，基础训练的有关内容等方面弄清编者的意图，从而准确地把握教材中心。

　　结合时代的特点。通用阅读教材中，还入选了一些名家名篇。在教学这类作品时，既要从作者写作的背景出发，又必须结合今天的时代特点，审慎地确定中心。巴金的《海上的日出》写于1927年赴巴黎留学途中。巴金当时写这篇作品虽是寄给哥哥的，但文中流露了作者对光明的向往，愿"不幸的乡土"能从黑暗中见到光明的思想情感。而如今，社会主义正像初升的太阳，已经给祖国大地带来一片光明。我们就不必局限于作者当时创作的意图，而要根据今天学生的思想实际和教育的要求，以描绘自然之美为中心，侧重培养学生的审美能力，陶冶学生高尚的情操。

　　这样从作者、编者、时代三个方面把握教材中心，就更为准确些，更切合实际些。把握了教材的中心，每一篇课文对学生进行思想教育的侧重点也就随之明确了。

二、从教材语言着手

　　小学语文教学大纲指出："语文这门学科，它的重要特点是思想政治教育和语文知识教学的统一。"近年来，国外也有一种流行的说法，即阅读是领会书面语言的意义，从中获得思想的程序。我国自古以来就有"文以载道"之说，后来又有"文道结合"的提法。总之，"文"与"道"是辩证统一的关系。因为，阅读教材中的形象和思想感情，不能像图画和电影那样，直接作用于学生的感官，而必须经过语言的中介。学生只有理解了语言，才能感受到教材的思想性。这就需要做好以下几方面。

　　处理好教材的逻辑关系。教材在表现中心上，往往呈现出一定的逻辑关系。归纳起来，大致有动静关系、点面关系、矛盾关系、对比关系、表里关系、因果关系等。为了使语文知识的教学和思想教育更集中地进行，有必要在把握教材中心的基础上，进一步处理好教材的逻辑关系——是动静关系，一般从静态中托出动态，以动态为主，因为动态是发展着、变化着的，它是作者思想感情起伏的踪迹；是点面关系，则着力抓"点"，所谓"点"，一般是典型事件或典型人物，它是最能表现教材内在的思想性的；是矛盾关系、对比关系，则根据中心抓好矛盾和对比的主要方面；是表里关系，宜着力于"表"，因为儿童对事物的本质，即"里"不易理解，若忽略其"表"，单刀直入抓"里"，则只能是生吞活剥，适得其反，寓言的教学即属此类。教学时必须把寓言本身讲读充分，寓言的道理才能真正为学生所接受。因此，着力于"表"，目的还是由表及里，使学生更好地理解事物的本质；是因果关系，则重在"因"，不在"果"，因为事情的结果往往是学生容易理解的，无须多讲，只有搞清楚事物的原因，才能从中得到更多的启示。这样弄清教材的逻辑关系，才有利于我们在教学中处理好"文"与"道"的辩证统一的关系。

抓重点词句的教学。中心明确了，逻辑关系分清了，教材中的重点字词句段就随之显露出来了，教学时着力的轻重也就有了分寸。所谓重点字词句段必然是牵动全篇的，应着力教好。叶圣陶先生指出："内容方面固然不容忽视，而方法方面尤其应当注意。"但是，由于教材的表现手法各异，怎样教好，并无定法，需从具体教材出发，根据教材特点，考虑教法，可以采用创设情境以及设疑、点拨、推导、比较、讲解等多种方法，让学生理解重点字词句段，并从中接受思想教育。一般说来，对形象鲜明的句段，引导学生展开联想，进入情境，在具体的语言环境中，理解教材语言，体会课文的思想感情，并发展学生的想象力；对难度较大的词句，采取设疑的方法，引导学生通过对课文内容的理解来"答疑"，从而激发学生的积极思维，使他们深刻了解课文中心；对学生易于理解的词句，则从表现课文中心的角度加以点拨，使学生加深对课文的理解；对在内容上逻辑性很强的句和段，则引导学生进行推导，弄清其间的逻辑关系、从而理解课文中心，并训练学生的逻辑思维能力；对一些学生不大能体会的词句，可以让学生将其和同类的词以及事物加以比较，通过比较，使教材中心更为鲜明，并训练学生的差别感觉。在实际教学时，或采取其中一种方法，或交叉使用几种方法，并和学生的朗读、默读以及说话训练结合进行。例如，《三味书屋》中，关于鲁迅先生在课桌上刻的"早"字的两个比喻，学生理解有一定的难度，可以这样设疑："作者为什么把这个'早'字比作含苞待放的花骨朵，又比作小巧玲珑的火把呢？"问题提出来后暂且搁一搁，待学生懂得了"早"字的来历和其对鲁迅先生一生的影响，再来理解是花骨朵就会开出鲜花，是火把就会熊熊燃烧，发出光和热的喻义。《我要的是葫芦》这一则寓言中，关键性字眼是一个"盯"字，学生易于理解，可以采取点拨的方法，引起学生的注意。"课文中说'他盯着葫芦'，为什么用个'盯'字，用'看'怎么样？"这样一点一比，使学生对种葫芦人看问题的片面性就理解得比较具体了。《小音乐家扬科》形象鲜明，可以采用创设情境的方法，并将创设情境和说话训练、表情朗读结合起来，再加以必要的点拨，学生就不仅能够理解教材的语言，也能体会到蕴藏在教材字里行间的感情，所谓"作者胸有境，入境始与亲"。

落实必要的语言训练。阅读教学在对学生进行思想政治教育的同时，不仅要教给他们语文知识，更主要的还要发展他们的智力，培养他们理解和运用祖国语言文字的能力。知识、能力、智力以及情感意志的教育是一个有机的统一体，需要围绕课文的中心，对照大纲规定的各年级有关培养能力的具体要求，落实理解和运用语言训练，并要通过学生自己的语言实践，加深他们对课文中心的理解。《平平在家里》向学生提出了"一个真正的少先队员在家里应该怎么做"的问题。在这方面课文并未做正面的叙述，只是以启发性的结尾，让小读者自己去思考、实践。这可以针对学生在家里的表现，抓住这个结尾，启发学生想象："平平在听了妈妈提出的'一个真正的少先队员在家里应该怎么做'的问题后，他可能会怎么想，怎么做？你能把故事继续说下去吗？"学生很感兴趣，有的说："有一天，奶奶在厨房里喊：'平平，快来帮奶奶提桶水。'平平连忙回答：'哎——，奶奶，我来了！'说着拿起水桶三步并作两步地提着一桶水送到奶奶面前。奶奶看见平平进步了，笑眯眯地说：'孩子，这就像个少先队员啦！'"有的还说到平平怎么照顾妹妹。学生说得很起劲，看得出他们已经把自己的愿望迁移到平平身上去了。这一方面可以训练学生的想象力、口语表达能力；另一方面为学生树起一个正面形象，激发学生去追求、去仿效。这也是一种为了加深理解课文主题而做的补充情节的训练。有时学生不易掌握教材中心，则可以通过提示，做一些辅助性的训练。《小马过河》一课的寓意，要学生自己说出，有一定的困难，可以给以提示，通过句子训练，帮助学生说出。

除了听、说、读的训练以外，还有必要结合阅读课的内容，进行一些写一句话、写一段话、写一篇短文的练习，以加深学生对课文主题的理解。比如学《月光曲》时，就可以让学生进一步体会贝多芬对穷苦人民的同情，陶冶学生美的情操，并可以结合"读写例话"中提出的"事物和联想"的要求，让学生想象贝多芬回到小客店追记《月光曲》的情景，当堂写一篇短文，使他们从不同的角度加深对课文中心的理解。

这样，在教材中心的主导下，处理好教材的逻辑关系，从教材语言着手，在理解和运用语言的过程中，对学生进行思想教育，内容是具体生动的，是有血有肉的。事实上，也只有从教材语言着手，才能较好地完成"文"与"道"两方面的任务。

三、着眼于情感的陶冶

阅读课上思想教育的最终目的，是促使学生树立共产主义世界观，这就要求我们十分讲究思想教育的实效。

我们使用的 10 册教材共 367 篇。其中童话、寓言、故事 238 篇，诗歌 49 篇，文艺性散文 56 篇，这些以文学形式出现的课文占课文总数的 93.5%。而议论文、说明文体裁的课文 10 册仅有 24 篇，占课文总数的 6.5%。这样的比例说明，小学阅读教材，主要是通过形象来帮助学生认识世界、学习语文的。教材的特点，就决定了我们在阅读教学中进行思想教育的方法，也应该是重在形象的感染。因为形象是具体的，是儿童的感官容易感受得到的，只有通过形象来感染学生，才能诱发学生的情感。思想教育最有效的手段，可以说是引起学生情感的共鸣。伟大导师列宁说过："没有'人的情感'，就从来没有也不可能有人对于真理的追求。"一个革命者，如果没有出自对劳苦大众的深沉的爱、对于反动统治者切齿的恨，他怎么会做出为革命事业甘洒热血的壮举呢？一切道德的行动，都是与道德的情感相伴的。若忽视情感的教育，那么阅读教学的思想教育必然是空洞的说教、抽象的概念。而空洞的、抽象的概念是无法打动儿童的心灵的，相反的却会导致儿童的思想僵化，智力迟钝。

从感受形象出发。世界是通过形象进入人的意识的，儿童更是如此。儿童的年龄越小，鲜明的形象对于他们的思想影响就越强烈。别林斯基说："哲学家用三段论法，诗人则用形象和图画来说话。"小学语文教师也应该学习诗人的做法，基本上用形象和图画来说话，换句话说，我们的做法应该是"显示形象"，而不是"阐述观点"。因此，对那些情深感人的、联想丰富的、充满美感的课文，也就是形象鲜明的、有情有境的教材，可以运用情境教学法，通过图画、朗读、描述创设情境，使学生如临其境，如见其人，如闻其声，从中受到感染，从而在思想感情上受到潜移默化的影响。《草地夜行》和许多红军长征的故事一样可歌可泣，是对学生进行革命传统教育的好教材。

上课开始，可以用描述的语气简要地介绍草地沼泽多、没有人烟的特点，以及红军当时干粮已经吃光，只得吃树皮草根的艰苦情况，为学生进入情境渲染一定的气氛。在学生自学全文，轻读一、二两节后，再引导他们闭上眼睛想象："读着课文，在你的眼前出现了一片怎样的草地？在草地上走着一个什么样的小红军？他一个人在草地上怎样走着？"提示学生抓住课文中"茫茫的草地"、"空着肚子"、"拖着僵硬的腿"、"一步一挨"等主要词语生发开去，让他们通过自己的阅读、描述、想象进入情境。孩子的想象展开了，他们的情感也就被激发起来了。这样从感受形象出发，要比提出几个像"老红军为小红军牺牲了自己说明了什么"、"我们应该向老红军学习什么"这类看上去思想性很强的问题进行分析更切合实际些，学生的感受要更深些。"范例胜过训诫"，榜样对道德情感的形成过程起着十分重要的作用。在阅读教学中，让学生感受形象，尤其要结合教材充分感受领袖人物、英雄人物、先进人物的高大形象，可以说这是阅读教学中思想教育的核心部分，因为以道德榜样作为一种教育手段，是符合儿童的心理特点的。形象帮助儿童展开想象，想象又紧密联系着情感。这就会使学生的智力活动形成情绪记忆。正如苏霍姆林斯基指出的那样，这种情绪记忆"不仅有思想，而且有情感和内心感受"。这样从感受形象出发，无论对学生情感的陶冶，还是对教材语言的掌握，影响都是深远的。

以教师的真情实感激发学生的情感。在让学生感受形象的过程中，教师的情感，对学生的内心体验、情感的诱发，是非常重要的外部条件。学生的情感是在认识对象的过程中产生的，教材中的形象、教师的情感都成为学生的认识对象。因此，要表达作品的情感，教师一定要饱含着情感。领袖人物、英雄人物、先进人物是儿童的榜样，也是我们教师自己的榜样。备课时，教师要首先从感受形象出发，使教材中高大的人物形象闪现在自己眼前、活在自己心上。记得我教《珍贵的教科书》时，当读到课文中的"我"扑到指导员身上大声地喊"指导员……指导员……"时，自己也很动情，觉得自己也在全身心地呼唤着指导员。所以，孩子们也和我一起进入了情境，他们读着读着，热泪不禁夺眶而出。倘若我俨然以一个教育者的姿态出现，自己在情境外，学生也是不可能进入情境的。这样把自己置于一个既是教育者，又首先是受教育者的位置，内心的联想也就丰富了，感情也真挚了，对教材的领会也容易深一些。在陶冶学生的情感方面，要特别注意结合描写祖国的壮丽山河、悠久历史以及新中国成立后的新成就，把自己的爱国心融注在教学中，对学生进行爱国主义教育。我以为热爱我们的社会主义祖国，应该成为每个学生的重要精神支柱。一个人有了爱国心，他就会为祖国的贫穷落后而发愤，为祖国的繁荣兴盛而骄傲，就有可能由此而树立起对党、对共产主义的崇高信仰。

从高尚的情感引向正确观念的形成。儿童的情感是容易被激发出来的，但是阅读教学中的思想教育，不能仅仅停留在情感的产生上。因为儿童的情感不是永恒的，它在认识过程中产生，也会随着认识的变化而变化。因此，有必要在产生情感的基础上有意识地引导学生形成正确的观念，即要寓"理念"于"情感"之中。"情"和"理"是互相联系、互相渗透的。针对儿童的特点，在阅读教学的思想教育中要着重情感的陶冶；但也正因为儿童情感发展不稳定，又必须重视从"动之以情"到"晓之以理"的过渡。这样，学生的情感就会持续和深化下去。这种从"情"到"理"的概括，自然离不开语文的特点，它必须是始终伴随着形象的，而且必须在激发情感的过程中，为形成正确的观念而层层铺垫，才会水到渠成。比如教学《小音乐家扬科》，当讲到小扬科因为看小提琴而被地主管家毒打致死时，可以抓住作者对小扬科眼睛的刻画，启发学生思考："小扬科被地主活活打死了，他分明是死了，为什么还睁着眼睛？如果他还能说话，他想说什么？他要说什么？"以帮助学生从"情"向"理"过渡。学生在深切同情小扬科的同时，就会产生对吃人的剥削制度的恨，就能从"情感"走向"理念"。这样，学生思想上就会更加明确地形成剥削制度残酷、社会主义制度优越的观念。

此外，在情感教育中，美感教育的作用是不可低估的。美育会促使学生在审美感受的基础上形成道德观念，有助于学生的道德情感向道德观念过渡和发展。因为美的教育是儿童易于接受而又乐于接受的。所谓"寓教于乐"，这是美感教育的最大特点。在前面所说的形象感受中，让学生充分感受美；在由"情"导向"理"的过程中，则通过是非的判断、美丑的辨别，培养学生对美的鉴赏能力，使其逐渐形成正确的观念。这样，就可以使学生从具有道德情感（包括审美情感）发展到具有道德观念（包括美的鉴赏），又从具有道德观念发展到具有道德行为。

（原载《教育研究》1982 年第 4 期）

从整体出发，着眼儿童发展

小学语文是一门综合性很强的学科，它对儿童的智能、情感意志及个性品质的发展，影响极为深远。因此，进一步探索改革小学语文教学的途径，成为开创小学教育新局面的重要课题。

小学语文教学的根本任务是培养儿童理解和运用祖国语言文字的能力。儿童在学习祖国语言时，不仅可以掌握一定数量的词，而且可以领悟许多概念和观点，感受蕴含在语言中的丰富的思想情感、艺术形象以至逻辑和哲理，从中汲取精神的力量和民族的气质，因此，通过小学语文教学促进儿童的发展，不仅是必要的，而且是可能的。

新中国成立 35 年来，小学语文教学做了许多有益的改革，但由于传统的习惯势力的羁绊，小学语文教学在实现其任务方面，仍存在不少问题。正如吕叔湘先生指出的那样，"语言文字本来只是一种工具，日常生活少不了它，学习以及交流各科知识也少不了它。这样一个简单的事实，为什么很多教语文的人会认识不清呢？是因为传统的看法作梗"。事实正是如此，中国千百年来科举制度的恶劣影响虽已日渐削弱，然而至今仍在教育领域内广泛地起着消极的作用。"为考而教"、"为考而学"的偏向，成为当代教育实现"三个面向"的障碍，并已殃及小学语文教学，支离破碎的分析讲解，没完没了的重复性抄写，名目繁多的习题，以及不求甚解的机械背诵，充塞着儿童的生活。所有这一切是一个七八岁或十来岁儿童所不能承受的，结果造成儿童身心紧张状态。尽管儿童疲于奔命，阅读和写作的实际能力并不能令人满意。如此种种，造成了小学语文教学"烦琐、片面、低效"的弊端，压抑了儿童的发展，延误了儿童发展的最佳期，甚至扼杀了儿童的禀赋和才能。这与时代需要把青少年一代培养成为具有共产主义精神风貌和创造才能的培养目标是相违背的，新的技术革命对教育提出了新的任务，这种状况决不能再继续下去了，必须针对传统教学中的片面性，从整体出发，使小学语文教学过程获得儿童发展的尽可能大的效果。为此，笔者自 1978 年至 1983 年进行了小学语文教学全过程的实验工作，探索改革小学语文教学的途径。

二、教材的增选及编排体系

在"教"与"学"之间，教材是媒介，是实现教学任务的凭借。教材入选的篇目、分量及编排体系，都将直接影响教学质量，关系到儿童的发展。教育部组织编写（简称部编）通用小学教材 1~10 册（1978 年版）全套计 375 篇，约 50 万字，这一套教材从内容、形式到编排体系，均较新中国成立以来其他版本的小学语文教材更为广大师生所适用。但由于 20 世纪 80 年代儿童信息储存量不断增加，教材分量还可相应加重，尤其是三类课文更可大幅度增加，这不仅顺应儿童的发展趋势，而且可有效地把儿童带入最近发展区，使语文教学促进儿童发展。因此，实验班加重教材分量，先后增选 204 篇作为补充教材，连同通用教材共 579 篇，所增选教材类型如下表：

古诗文	名家名篇	儿童文学	自编	说明文	其他
103 篇	18 篇	42 篇	18 篇	8 篇	15 篇

各年级补充教材的原则为：一年级围绕所教生字编写韵文及有儿童情趣的短小故事，以提早阅读；二年级结合儿童生活实际，编写短小写话范文，让儿童初步感知事物形象与语言文字的关系，为写话做好铺垫；三到五年级根据重新组合的单元，分类补充儿童优秀习作，逐步增加名家名篇及已学过的古代寓言原著，并适当补充说明文，以提高儿童的鉴赏能力，陶冶情操，并培养其应用语言的实际能力。根据各册选编目的，初步形成低年级为提早阅读，辅助作文起步，到中高年级提高鉴赏能力，突破"写"的难点的选编教材的序列。值得一提的是，让儿童在记忆力旺盛的童年时期学习一定数量的古诗，引导儿童感受一点优秀文学遗产的精华，体会理解诗中的意境与哲理，这无论对儿童学习语文，还是促进其情感、想象、记忆的发展，都是大有裨益的。

教材编排体系是教材的命脉，但长期以来，小学语文教材编排体系屡变不定，或以思想内容为单元，或以语文知识为单元，或取消单元随篇成册，致使语文教学或偏文或重道，随意性很大。从儿童读写实际看，无论是读的范文，还是写的习作，一般不外乎写人、记事、写景、状物四大类。从实验班三年级起，将通用教材按上述四种题材类型归类，相对集中，重新组合单元，并按单元分别补充类似教材；紧密结合单元内容，安排观察、访问、劳动、制作等第二渠道的活动及相应的习作训练。如通用教材第六册中，选入了《荷花》《喇叭花》《沙漠里的船》《松鼠》《赵州桥》《刘家峡的水电站》《人民大会堂》等状物类的课文，便将其分成写植物、写动物、写建筑物三个单元。教学植物单元，补充教学《爱莲说》(片段)、《多美呀，野花》，课外观察蒲公英，作文课上写《我是一棵蒲公英》的状物记叙文以及《蒲公英》的简短说明文。由于单元入选教材基本属同一范畴，这样不仅可以强化思想教育，而且可在习作上帮助儿童触类旁通，充分发挥每篇范文的范例作用。这样编排单元，将读与写、文与道、课内与课外形成一个整体，以单元形式集中教学、集中训练，有利于以读带写、以写促读、文道统一，促进儿童和谐的发展。

三、情境教学法的探索与实践

教材分量增加后，教材方法的改革必须跟上，否则又将增添新的矛盾。传统的灌输式的教学，把学习变成连续不断地积累知识和训练记忆的过程。它所调动的和充分利用的儿童大脑功能只是与机械的、逻辑的、无情感的那一部分相联系的。这样必然会使儿童变得呆板、迟钝。显然，这与促进儿童的发展是格格不入的。由此看来，教学方法的改进是改革小学语文教学的重要环节。

随着对外开放和教育改革工作的深入，新的教学法层出不穷，展示出小学语文教学百花齐放的灿烂前景。手段总是服从于目的的，无论采用何种教学法，关键是有利于儿童在"学"的过程中，构成儿童自我发展的动力，为儿童发展创造最优的外部条件。

为从整体出发促进儿童发展，近几年来，笔者对情境教学进行了初步的探索。首先从外语教学运用情景进行句型、会话训练中得到启示，后又从中国古代诗词的境界学说中汲取了更多的营养。早在一千多年前，我国文艺理论《文心雕龙》中就有了"情境"的论述。所谓"情以物迁，辞以情发"；到了清代，《人间词话》更有精辟的阐述："境非独谓景物也，喜怒哀乐，亦人心中之一境界"；现代叶圣陶先生的"作者胸有境，入境始与亲"的名言进一步为大家所知晓。集诸家论述，根据"形"和"意"、"情"和"物"辩证统一的原理，创造情境教学法，即遵循反映的原理，充分利用形象，创设具体生动的场景，激起学生的学习情绪，从而引导他们从整体上理解和运用语言的一种教学法。它的特点是言、形、情融为一体，理念寓于其中。运用情境教学法促进儿童发展要经过四个阶段：①在阅读教学中创设情境，把"言"和"形"结合起来，进行片断的语言训练。②通过"观察情境教作文"引导儿童观察时，在情境中加深体验，在情境中展开联想；习作时则在再现情境中构思，在进入情境中陈述，促使儿童情动而辞发。③通过"生活显示情境、实物演示情境、音乐渲染情境、图画再现情境、扮演体会情境、语言描述情境"六种不同途径，创设和教材有关的情境，对儿童进行美感教育，促使儿童由感受美而入境，因爱美而动情。④在前三个阶段的基础上，运用"形式上的新异性，内容上的实践性，方法上的启发性"情境教学三原则，进一步促进儿童整体发展。情境教学法的核心是"激起儿童的情绪"，所谓"带入情境"，即有效地调动儿童的主观能动性。运用这种教学法，把语文教学中字词句篇的知识、听说读写能力的训练统一在情境中，并凭借儿童进入情境的内心感受和情绪，使其受到道德品质、审美情感意志的陶冶，从而保证语文教学所肩负的"文"与"道"两方面教学任务的完成，促使儿童智力和非智力因素的和谐发展。这样，儿童学语文就会感到"易"、"趣"、"活"。因为教学方法一旦触及学生的情绪和意志领域，触及学生的精神需要，便能发挥其高度有效的作用。

四、掌握儿童发展要素的基本原则

若干年来，小学语文教学先后在语文基础知识的教学、能力的培养、智力的开发以及文与道、知识与能力、能力与智力等方面做了许多有益的探讨，对语文教学的科学化起了一定的推动作用。但其中不少课题是从一个局部、一个角度提出的，致使有些老师感到小学语文教学头绪纷繁，顾此失彼。事实上，上述众多方面都是小学语文教学整体中的一个侧面，一个层次。而对儿童发展而言，所有这些都是协同成一个整体，运动地、和谐地发展的，因为任何儿童的发展都具有鲜明的整体性。面对儿童发展的客观实际，需要运用辩证唯物主义的观点，指导小学语文教学的改革工作，把儿童发展的许多因素统一在语文教学中。从整体出发，着眼儿童的发展，需要我们进一步探索在教学全过程中，把握儿童发展诸要素在整体中所处的不同地位。下面就从小学语文教学中促进儿童发展的前提、基础、动因、重点、手段五个方面，试论儿童发展的基本原则。

（一）以培养兴趣为前提，诱发主动性

教学过程准确地说应该是促进儿童"自我发展"的变化过程，即通过教师的"教"控制学生的学习过程，促使其获得尽可能大的发展。而儿童发展的源泉，同其他事物变化的根源一样，是它固有的内部矛盾。因此，促进儿童发展的第一要素是儿童的主动性。

激起好奇心、求知欲。求知、好奇会驱使儿童好学、爱问。无论从现阶段诱发主动性，还是对儿童未来成才来说，这两者都是重要的心理因素。因此，对儿童的好奇、求知这固有的心理特点，既要利用、珍视，又要进一步激发调动。实验班借助新异教学手段，创设生动有趣的学习情境，激起儿童的学习情绪，使其好奇、求知的欲望得以满足。例如，在低年级教学《太阳、地球、月亮》《月食》《数星星的孩子》一组有关天体的教材，在实验班先后运用三球仪的转动，来帮助儿童理解"月亮绕着地球转"、"地球绕着太阳转"；运用感知鲜明的实物，演示月食的形成和消失，并自制电化星座，进一步激起儿童探索宇宙奥妙的遐想，同时补充教学《我在月球上》，开展"天上星星究竟有多少"、"秋夜看月亮"的观察活动，在班集体中形成了以观察天体为乐的热潮。他们一颗一颗地数星星，写观察星空、月亮的日记，

主动阅读有关天体知识的图书，向老师提出许多有趣的问题。事实证明，求知、好奇的欲望得到满足，便会更求知，更好奇，从而在愉快的情绪中形成新的学习动机。

树立自信心，培养自尊感。儿童既好奇、求知，又自尊、自信。能否诱发全体学生的主动性，教师的态度是关键，尤其是对学困生，教师的认可或指责、鼓励或挖苦，更会影响儿童的自信心和自尊感。儿童会十分敏锐地从教师的语调和眼神中感受到力量或压抑、殷切的期待或冷漠的嘲讽。二年级时，实验班上来了一名留级生，由于老师注意在学习过程中帮助他，鼓励他克服困难，使他开始感受到学习的愉快，在集体中他也可以抬起头走路了。两年后，他的语文成绩终于由不及格上升到中上水平，思想品德也有了一定的进步。学困生能得到教师的肯定，对激发全体学生的学习主动性更有普遍的积极意义。但这绝不意味着需要降低难度。恰恰相反，设置有一定难度的教学内容，会使学生在逾越困难中感受到自己的才智与力量，进一步树立自信心，增强自尊感。所有这些都有利于形成"教师肯定—学生满足后获得自信心和自尊感—需要学习—再肯定、再满足—需要学习更新的有一定难度的内容……"的学习程序，儿童的主动性便得到进一步调动。

此外，在培养学生学习兴趣的同时，注意培养学生良好的学习习惯，对主动性的持续是十分有益的。由爱上课到养成认真的习惯，由爱读书到养成专心读书的习惯，由爱动脑养成积极思维的习惯，如此等等，并有意识地在培养良好习惯中培养理智感。这样，即使今后学习内容较为枯燥，儿童也会凭着自己的意志和良好的习惯主动地学好。

（二）以指导观察为基础，强化感受性

教学活动从某种意义上来说是一种认识活动。课本中的每一篇教材，乃

至儿童的充满稚气的习作，实质上都是人们对世界认识的记录。所以，在语文教学中促进儿童的发展，首先是发展儿童的认识能力，即儿童通过观察、思维、想象、记忆认识世界的能力。观察为儿童打开了认识世界的窗户，它是智慧的重要源泉。通过观察积累丰富的感知材料，成为儿童发展的基础。观察能力对儿童未来从事任何工作都是必不可少的。

选择美的形象。世界博大无垠，无所不包，无所不有，针对儿童爱美的心理，宜选择美好的事物作为感知目标。大自然是富有美感的。皎洁的明月、秋天的田野、丰收的作物、冬日的雪景、耸立在寒风中的松竹梅等大自然的美景，以及那淅淅沥沥的春雨、迷迷蒙蒙的晨雾、叮咚作响的冰雹、席卷大地的狂风这些大自然发生的景象，都会以它特有的丰姿、奥妙和威力激起儿童对宇宙的神往。此外，学校沸腾的生活画面，家乡喜人的新貌，社会生活中充满光明、美好的人和事，都可结合阅读教材和作文计划引导学生观察。这些富有美感的客体会带着鲜明的形象和画面，有声有色地进入儿童的意识，并直接影响儿童语文能力和心理品质的发展。

逐步增加难度。儿童感知的能力是从低级到高级、从笼统到精确的。指导儿童观察必须循序渐进地进行。从观察的数量来说，是从少到多；从观察对象的状态来说，是从静态到动态，再到动中有静、静中有动；从观察的程序来说，是从整体到细节，由表面到实质；从观察对象的选择来说，是从由老师确定，到自己学会从诸事物中选取主要的感知目标。就拿观察植物来说，低年级可着重让儿童欣赏花的色彩、姿态，培养儿童的色彩感；中年级逐步教给学生按"茎—叶—花"的顺序观察植物，及从整体到细节的观察方法；以后通过观察多种客体，让儿童认识事物之间发展变化、相互依存的逻辑关系。这样，观察难度逐步加深，儿童对事物的认识能力、运用语言表情达意的能力便可随之得到发展。

拓宽想象空间。想象是发展儿童创造力，陶冶高尚情操的重要智力因素。在观察中，可通过教师启发性的导语和提问，把观察和想象结合起来，引导儿童由此及彼、由表及里、由今及昔，展开联想和想象。当实验班儿童登上家乡的高山顶，教师便以山腰亭台上"举目四顾海阔天空，长啸一声山鸣谷应"的诗句，开拓儿童想象的空间，让其感受家乡群山和浩瀚长江的壮阔之美；观察蒲公英时，当那毛茸茸的种子飘飘悠悠地飞向远方时，以"蒲公英带着一把伞，跟着风伯伯飞走了，我们希望他到哪儿去生根开花？"激发儿童的想象随着远去的种子展开。一次又一次的观察，强化了儿童的感知，这从实验班五年级的一次独立作文即可看出。在学习《落花生》后，让儿童选平时观察的某一无生命物体，写出它们的品格。全班共写出了《太阳礼赞》《小石子》《北极星》《路灯》《火》《铁》《绿》《歌》《蜡烛》等21种不同的题材。全班儿童都能从各自的观察所得，写出事物的主要特征。可以设想，倘若没有长期的观察活动为基础，要小学生在一次独立习作中写出这么多题材丰富且带有哲理的小品文是不大可能的。

（三）以陶冶情感为动因，渗透教育性

语文课是工具课，也是对儿童进行共产主义教育的重要阵地。语文教学的教育性必须与其知识性紧密结合在一起，它是在渗透和潜移默化中实现的。随着人们物质生活水平的不断提高，发展儿童的情感意志，使他们从小对伟大祖国怀有深厚的情感，对共产主义持有坚定的信念，以健康成长为坚定的、能经得起新的复杂环境考验的一代新人，已日益显示它的重要性。就语文教学的现状来看，对情感意志的教育，似乎没有被提到一个突出的位置上。长期以来，由于受"左"的思想影响，阅读课上搞架空分析，离开课文谈感想，儿童说空话、说假话；作文教学程式化、概念化，缺乏情感因素，

很少激起儿童的情趣，儿童难以表达真情实感，致使语文教学中思想教育收效甚微。情感是儿童思想意识、道德行为强有力的发动者和鼓舞者。早期进行的情感教育，往往会影响人的一生，而语文教学对培养儿童的情感更有独特的有利条件。《文心雕龙》中"夫缀文者情动而辞发，观文者披文以入情"的论述，早就指出阅读、写作与情感活动是紧密联系的。因此，以情感因素为动力，对儿童进行共产主义教育，可有效地提高儿童的精神素质。情感因素是儿童发展的动力，那么从何着手呢？首先让我们纵观小学语文教材，90%以上的课文集中再现了大自然的美和社会生活的美，而美感教育的形式是适合儿童爱美心理的。它以生动形象、给人愉快和满足的独有特点，成为儿童最早和最乐于接受的思想教育的主要手段。马克思就把他对于当时社会规律的天才洞察，首先归功于自己所受的美学教育，因为完美的道德信念必须以高尚的合乎共产主义方向的美感为基础。因此，教材内容、教育对象的特点以及美感教育的优越性，都表明以美感教育为形式，发展儿童的情感意志，渗透教育性，必然是行之有效的。对儿童进行美感教育，必须从感受美开始，而在感受的过程中，势必会引起儿童爱慕的情感，激起对美的爱。这样，教材中和儿童习作中，从不同侧面一再表现的伟大的党、可爱的祖国、勤劳勇敢的人民、优越的社会主义制度，以及家乡的山山水水、校园的花草树木、自己所在的集体、同伴……大大小小的美好的人和事，便会在美的感受中激起儿童的热爱之情，而这正是儿童心灵应及早孕育的崇高的情感！换言之，假如没有对美的爱，又怎么去陶冶儿童健康的情感？可以说，没有对美的爱，就没有教育。

儿童在长期的对美的感受中，陶冶了情操，提高了鉴别能力，通过识别美与丑，他们就可分辨正确与谬误、高尚与低下，因爱美而去追求美，因认识理解了美而日趋产生创造美的愿望和行为。这样，儿童在对美的理解的基础上，逐步形成共产主义的道德观念。

（四）以发展思维为重点，着眼创造性

为了适应社会主义现代化建设的需要，小学语文教学必须从未来出发考虑今天的教学，努力以儿童发展的明天为方向。只有当教学走在儿童发展前面的时候，才是好的教学，才能把儿童带入永远没有终结的一个一个的最近发展区，使儿童不断意识到以前没有意识到的东西。为此，必须以党的全面发展教育方针为总原则，着眼儿童的发展。它的内涵不局限于智力的发展，而是包括知识的积累和语言、智力以及情感意志等心理品质的发展。其重点为发展思维，尤其是思维的创造性，而着手处则是以科学特点为依据，在儿童理解和运用祖国语言文字的过程中促进儿童思维的发展。

1. 在词的理解和运用中发展思维的准确性

词，具有极大的概括性。所谓运用语言，从某种意义上来说，就是词的组合与运用；从人的思维活动来说，它的基本过程，就是运用一个个词进行分析综合、判断推理。因此，在字词句篇四项基础知识中，应突出词的教学，把词和形象结合起来。在理解课文、认识世界中理解词；在描述语言情境、表情达意中运用词，使第一次感知获得鲜明的印象、准确的概念，为思维准确性打下基础。

2. 引导运用修辞手法，丰富思维的形象性

儿童往往是通过形象认识世界的，他们的思维是以形象为主的。这对于他们学好语文来说十分有利。引导儿童运用拟人、比喻、排比的初步的修辞手法，会促使他们由甲事物联想到乙事物，由此时此地联想到彼时彼地，形象思维进一步得到发展。这样就可在练活语言文字的过程中，把脑子用活。

3.加强篇章的训练，发展思维的逻辑性

在发展形象思维的基础上，必须注意向抽象思维过渡。而篇章的训练，恰好包含分析综合、抽象概括等抽象思维的活动，使其成为培养语文能力的重要环节和发展逻辑思维的极好手段，因此，须结合教材特点，切实训练之。前三年篇章的训练是初步的，着重通过理思路、分段落、明层次，叙述有条理，使儿童思之有路、言之有序，这是思维具有逻辑性的第一步。到中高年级，可以通过教材安排的32篇"读写例话"提示的读写知识和逻辑关系，结合具体课文有步骤地进行训练。

4.在想象性作业中，发展思维的创造性

想象力是一种富有创造性的认识功能，真正的创造是想象活动的结果。有计划地设计安排想象性作业，对进一步发展儿童的创造能力十分有益。在阅读教学中可进行改变人称、改变处所、改变结构、改变体裁、补充情节等复述。作文教学中，主要进行想象性作文，并通过观察、想象，自编童话。五年中，实验班曾引导儿童进行一系列有趣的想象性作业。二年级在指导儿童观察小鸭后，让他们想象鸭子离开学校后可能发生的种种遭遇，试写《小鸭子的奇遇》；三年级在教学《海底世界》《海龟》《珊瑚》后，让他们结合课外阅读所得，写幻想性小故事《海底世界漫游记》；中高年级先后又写了《我是一棵蒲公英》《我在想象性摄影活动中》以及《理想的中队长》《假如卖火柴的小女孩来到我们中间》等想象性记叙文。儿童带着欢愉的心情，兴致勃勃地写出一篇篇打破格局的童话和故事。这些新颖有趣的想象性语言训练，不仅陶冶了儿童的情操，而且让他们感受到了创造性劳动的愉快。

（五）以训练语言为手段，加强实践性

小学语文教学历来被人们看作一门工具课，因为每一个人都必须通过语言文字去学习、理解，通过语言文字去表达交流。既然是工具，要儿童掌握，就需通过儿童自己的语言实践，最好的办法是"在阅读中学会阅读"，"在写作中学会写作"。以发展性教学论的观点来看，教学过程并不等于发展过程。因此，上述所论的培养兴趣、指导观察、陶冶情感、发展思维四者均应在儿童语言实践的过程中实现。训练语言既为手段，又为目的。因为，在儿童语言实践的过程中，需根据教材的重点和特点，有目的地设计促进儿童发展的教学内容和程序，引导儿童在感知教材中感受形象，在理解与深化教材中启发思维、引导想象、训练表达，并在其间体会情感、上升理念，做到既着眼儿童的发展，又把握语言实践。为此，实验班提出"以促进儿童发展，组织教学全过程"的设想，以"读"为阅读教学程序的主线，并把知识、能力、智力、非智力因素四者统一在具体情境中，合理安排教学过程，即初读—读通，细读—读懂，精读—读透，引导儿童通过自己的阅读实践，即"一读二练三体会"来"弄清文章思路、理解关键词句、体会品赏语言"。具体做法可概括成三句话：初读课文理思路，细读课文抓重点，精读课文学欣赏。这样有效地培养了儿童的阅读能力，并促使其心理品质协同发展。据不完全统计，从二年级开始到毕业的四年里，全班 43 人共读 6980 本课外书，平均每人读 162 本。阅读的范围涉及童话、寓言、小说、天文、地理、历史、科普，其中还有许多名家名篇，如《格林童话选》《中国古代寓言》《西游记》《三国演义》《儒林外史》《东周列国志》《斯巴达克思》《铁道游击队》《冰心散文选》。其中吴雷同学一人四年共读 800 本书，升入重点中学后在同年级中成绩排第一名，品德优秀。

运用语言方面，实验班十分警惕舍本逐末的习惯做法，不重复性抄写生词，不设所谓"练习册"、"语文笔记"，不做那些流行的名目繁多的单项题海训练。因为这些训练耗时多、效率低，而且对儿童心理品质的发展不能产生任何影响。实验班让儿童从课业重压下解放出来，把时间用在短小的整体性表达训练上，把训练语言与发展思维结合起来，按照"从模仿开始，增加创造性成分，培养独立性"的程序训练。通过一年级的"每日学一句"，二年级"每天一篇短小的观察日记"，使儿童词句基本功在入学后两年中就打扎实。这样每日写一点，一日不多，坚持数年就很可观。五年来，实验班学生的整体性书面表达练习（即写句、写段、写篇）达550次以上，作文就有可能提早起步，鼓励儿童"用自己的眼睛看，用自己的笔表达自己的情趣"。儿童有了基本功，有了题材，写作对他们来说成为乐事，一般都能写文通字顺的记叙文。全班43人中有32人在《人民日报》《新华日报》《中学生报》《作文报》《少年文艺》以及教育类杂志等报刊上发表观察日记、作文共72篇。有2名学生先后在《小学生报》《小溪流》编辑部举办的全国小学生作文比赛中获得一等奖。在全市作文考试时，实验班43人中有24人获优等成绩，占55.8%，相当于城区小学比例4.58%的12倍之多。

综上所述，实践检验证明，用辩证唯物主义的观点，从整体出发促进儿童发展，是改革小学语文教学的有效途径，可促使儿童在学习语文中，既掌握工具，又获得心理品质的主动发展。

（原载《教育研究》1985年第1期，
于1985年11月获中国教育学会第二次学术讨论会教育论文奖，
于1988年3月获江苏省第二次哲学社会科学优秀成果三等奖）

情境教学：学得生动活泼的有效途径

【提　要】作者认为情境教学可以使学生获得探究的乐趣、认知的乐趣、审美的乐趣、创造的乐趣、道德向上的乐趣。情境教学变以往单一的"听分析"为多侧向的感受，变复现式的记忆为灵活地运用知识，变封闭式读书为广泛储存。

教学活动理应顺乎儿童发展规律，点燃他们智慧的火花，滋润他们情感的幼芽，让他们显示各自的聪明才智和潜在的力量，从中获得认识的快乐、创造的快乐、道德向上的快乐、成功的快乐。但是事实上，并非所有的教学活动都能给儿童带来如此之多的快乐，相反，有的教学却给儿童带来压抑，带来失望，带来苦恼。毛泽东同志早在 20 世纪 20 年代末就提出要废止的注入式教学就属此列。时隔半个世纪，在中国的大地上，亿万儿童仍然深受"注入式"教学之苦，儿童的兴趣、特长、志向、态度、价值目标，这些影响人才素质的重要方面，被挤到教学工作的末位，它们甚至成了课业、分数的牺牲品。这是对儿童的扼杀！毛泽东同志曾在 1962 年的春节座谈会上郑重指示："要减轻学生的课业负担"，"让学生学得生动活泼"。毛泽东同志的这一思想与邓小平同志的"三个面向"的指示，是当代社会主义中国教育的方向，是提高人才素质的必由之路，作为教育工作者，必须身体力行。

根据教育理论与长期的教学实践，笔者探索的情境教学运用于小学语文教学之后，较为有效地克服了注入式教学的种种弊端。在情境教学过程中，教师努力激发学习动机，丰富儿童的感知，并协调大脑两半球的相互作用，平衡两个信号系统的发展。现在看来，确实从根本上提高了教学的科学性和艺术性。可以说，情境教学成了促使儿童生动活泼学习的有效途径。

一、带入情境：在探究的乐趣中持续地激发学习动机

教学是有目的的行为，它是儿童求得发展的有意义的活动。教学的目的，只有通过学习者本身的积极参与、内化、吸收才能实现。教学的这一本质属性决定了学生是学习活动的主体，其能否主动地投入成为教学成败的关键。小学语文教学更是如此。因为中国的汉语言文字对于步入世界不久的、阅历很浅的儿童来说，要学好它"非下苦功不可"，这样儿童的主动性就显得更为重要。而儿童是具有主动性的人。我曾在幼儿园大班教孩子学汉语拼音，他们是那样认真地告诉我："学了汉语拼音就可以上一年级！""学了汉语拼音就能识字，就能有文化！"这"上一年级"、"识字"、"有文化"，在儿童的意识里，是一些模糊的却又富有诱惑力的概念。类似的情景在我们与儿童的接触中是普遍存在的。由此可见，学龄前期的儿童已经孕育着学习语文的动机。他们想努力地去认识这个奇妙的世界，他们想从学校、教师，从小伙伴那里知道关于世界的新鲜事儿；他们想识字，想读书，想学到本领……儿童正是怀着这样美好的愿望跨入了学校的大门。可是，渐渐地，不知道在哪一天早上，这些曾经连做梦也背着书包上学的孩子，却不愿背心爱的小书包了，让爸爸妈妈代劳了；上课也觉得有点受不了，巴不得快点下课；作业更是拖上几个小时才能完成。这说明儿童的学习动机是十分脆弱的、不稳定的。而缺乏学习动机的学习，必然是被动的学习、苦恼的学习。因此，要让儿童生动活泼地学习，首先要激发儿童学习的动机，培养其学习的兴趣。

情境教学正是针对儿童既蕴藏着学习的主动性，而这种主动性又有可能消失的可变的心理特点，把儿童带入情境，让其在探究的乐趣中，激发学习动机，又在连续的情境中，不断地强化学习动机。一般说来，激发学习动机在导入新课时进行。这是学习新课的重要一步。情境教学十分讲究对这一环节的掌握，根据不同的教材，采用不同的形式：或创设问题情境，造成悬念，让儿童因好奇而要学；或描绘画面，呈现形象，产生美感，让儿童因爱美而要学；或揭示实物，在观察中引起思考，让儿童因探究而要学；或联系儿童已有的经验，产生亲切感，让儿童因贴近生活形成关注而要学；或触及儿童的情绪领域，唤起心灵的共鸣，让儿童因情感的驱动而要学……无论是因好奇求知，还是因情感、关注的需求求知，都促其形成一种努力去探究的心理。这种探究心理的形成，对具有好奇心、求知欲望的儿童来讲，本身就是一种满足、一种乐趣。其过程可简单地概括为：探究→满足→乐趣→内发性动机产生。这就保证儿童在接触新课时，带着热烈的情绪，主动地投入教学活动中来。

儿童的学习动机被激起后，若教学过程刻板、单一，儿童又会因失望而使已形成的动机弱化，以至消失。因此，在把儿童带入情境后，根据课文情节的发展、内容的需要，应使情境成为一个连续的动态的客体。教师要有意识地把儿童一步步带入课文描写的相关情境，让儿童感到"情境即在眼前"，"我即在情境中"。课文中描写的一个个人物形象栩栩如生地再现在儿童的眼前；课文中描写的一个个特定空间，儿童可涉足其间，仿佛进入了其人可见、其声可闻、其景可观、其物可赏的境地。客观的教学情境一环环引人入胜，儿童进入情境后的热烈情绪又反过来丰富了入胜的情境。他们发自内心地微笑，忍不住地哭泣，争先恐后地表述自己的感受、见解……这都使儿童的学习动机在这种"情"与"境"相互作用的持续中得以强化。教学终于成为"我"高兴参与的有趣而又有意义的活动。他们禁不住挥动着小手，向老师暗示："我知道！""我会！""老师让我讲吧！"学习已成为儿童的"自我需要"。在实验班五年的1000多节语文课里，可以说，每当下课铃敲响时，孩子们都会情不自禁地发出惋惜之声："怎么敲下课铃了！""时间好快呀！""我们不下课，再上！"在这里，没有丝毫沉闷的学习空气，没有强制，没有指令，完全摆脱了被动应付的状态。探究的乐趣，也绝不仅属于少数拔尖的学生，而是属于全体学生。在这种热烈的内驱力的推动下，学生群体为求知而乐，为探究而兴奋、激动，到达了一个比教学预期目标还要丰富得多、广阔得多的境界。而当老师让他们下课时，他们又涌到老师的跟前，甚至自觉排好队，把上课没来得及提的问题、心里想说而未能有机会表达的感受，倾诉给老师。在老师听完了他们的表述微笑点头时，"求知—满足"的平衡感使他们感到无穷的乐趣，得到一种精神的享受。在此情境中的老师，自己的情感也禁不住升腾了，一种工作的乐趣，驱动着他以更饱满的热情投入教学活动，进一步激发学生的学习动机，培养学生的学习兴趣，培养学生努力丰富精神世界的兴趣，真正变被动学习为"自我需要"，使学生的学习动机稳定、持续、强化，从课堂到课余，乃至到日后漫长的学习生活中。

二、优化情境：在体验审美的乐趣中感知教材

学习动机激发起来后，儿童会兴致勃勃地去学习教材。现行的小学语文课本可以说是充满童趣的。入选的教材生动形象，情文并茂，并以儿童喜闻乐见的各式文体，向儿童展现了一个绚丽多彩世界。这表明我们的语文教材力求通过形象，通过美，让儿童去学习祖国的语言文字，去认识世界，从而达到促进儿童发展的目的。因此，小学语文教材是孩子普遍爱读的。他们每每拿到新书便迫不及待地想一口气读完，便是很好的说明。类似的丛书，孩

子们只要有闲暇，也往往是争相阅读，以至爱不释手。他们企望通过书籍，通过阅读，去认识奇妙的世界。按理说，儿童是喜欢上语文课的。而我们在不少课堂上看到的，却是另一番景象：老师分析不断，提问不止；学生被动应付，乏味厌倦。注入式教学正以"发胖式的分析"向学生进行大剂量的灌输，把学生当成了容器。其现象的普遍，使我们不得不提出一个问题：教师如此滔滔不绝地进行分析，学生听完分析究竟得到了什么？问题的答案在现实中是明摆着的。学生得到的只能是抽象的概念，没有血肉的几根筋，作者笔下的人物看不见，洋溢在字里行间的情感体验不到，在学习语言文字过程中，应该获得的关于生活的认识、智慧的启迪、审美的体验，都受到干巴巴的分析的排挤，并被取而代之。即使对课文本身语言的理解、运用也是抽象而肤浅的。如此教法，如此学法，课复一课，孩子怎能不失望？怎能学得生动活泼呢！最后，孩子学习语文的兴趣都被分析殆尽。话得说回来，语文老师也并不乐于这种无效的注入式的分析，问题是不分析又怎么办？对小学语文教学损伤儿童发展的焦虑和全面实现教育目标的责任感，迫使我们寻找一个突破口，一个着手处。小学语文教材本身的美感帮助我们打开了思路，即通过优化情境，引导儿童从感受美的乐趣中感知教材。相比之下，从美入手，较从字词入手整体，较从思想内容入手形象，较从篇章入手更贴近儿童的生活。对其优越性、可行性可做如下粗浅的分析。

其一，儿童生来爱美，审美感受的愉悦会促使儿童主动地去接受富有美感的教育。然而，儿童的审美能力并不是天生的，而是需要通过后天的教育、培养及熏陶才会形成和发展。

其二，在语文教学中对学生进行审美教育并不是外加的，而是语文教学本身应该完成的任务之一。明确地说，我们必须通过语文教学对学生进行审美教育。

其三，我们不仅要对儿童进行审美教育，而且还要加以利用。通过审美教育，为儿童接受思想道德的教育做好情感的准备。由此也可走出一条我国语文教学中"文道结合"的新路。

简言之，审美教育与认知教育的结合，可以促使语文教学全面地完成认知、教育、发展三个方面的任务。所有这些，都是由审美教育本身具有的普遍性、综合性、主动性所决定的。情境教学则运用艺术的直观手段与语言描绘相结合的多种途径，创设教材描绘的富有美感的情境，引导儿童从形中、从情中去感知教材。由于美感的综合运用，儿童在此过程中可以获得多侧向的感受，其收获远远超过单一的"听分析"。因为那"分析"是无形、无情、抽象的。

丰富形象的感染。小学语文教材的题材，不外乎写人、记事、写景、状物四大类，即由美的人、美的事、美的景、美的物交织而成。课文的这些美感是以形象为载体展现到读者跟前的，情境向儿童展示的是可感的生活场景、生动的画面、音乐的旋律、角色的扮演或是实物的演示。这些具体生动的形象，为儿童理解语言做好了认识上的准备，而且是笼罩着情感色彩的认识的准备。在进入情境后，儿童作为审美主体，通过感官与心智去感受、去体验。引导儿童用他们的眼睛去凝望，用他们的耳朵去倾听，用心灵去体验……在形象的感染中他们渐渐地感受到作品赋予的美，或是一种轻柔的美，或是一种壮阔的美，或是一种崇高的美……

真切情感的体验。学生在情境中感受着形象的同时，教师的语言描绘不仅吸引着儿童的注意，而且促使儿童因美感产生愉悦，愿意对情境这一客体持续地注意、主动地接受，从而产生或满意的，或愉悦的，或悲伤的，或热爱的，或憎恨的，或愤怒的态度的体验。学习描绘祖国山河的课文《富饶的西沙群岛》《桂林山水》《草原》《美丽的小兴安岭》，可通过假想旅行进入情境，使学生徜徉其间，感受祖国山山水水的秀丽和壮美，产生对祖国河山的爱恋之情。学习英雄人物的课文，通过教师深情的语言描绘，结合恰当的音乐或图画，创设想象情境，越过历史长河，缩短时空距离，让课文描写的黄继光、邱少云、王若飞、刘胡兰等英雄的光辉形象，呈现在孩子们的眼前。从孩子们屏住呼吸的倾听、闪着光亮的眼睛以及那发自内心的有感情地朗读中，都可以知道孩子们深深地为英雄的壮举而激动不已。真切的体验，激起了悲壮的、崇敬的情感。学习科普类的常识性课文、说明文，让儿童进入创造发明的模拟情境中，扮演他们喜闻乐见的"科学家"、"小博士"、"潜水员"等向往已久的角色，进行模拟操作，体验创造成功的快乐，产生热爱科学、探求未知的情感。

潜在智慧的启迪。丰富形象的感染，真切情感的体验，不仅为儿童思维提供了"能源"，而且热烈的情绪使儿童的思维活动进入最佳的心理状态，迅速地沟通、复合、运转。一方面，形象思维积极活动，联想、想象活动随之展开。情境的模拟性使情境呈现的形象粗略而神似，给儿童留下了广阔的想象余地，他们展开想象的翅膀，飞到教材描写的广远意境之中……另一方面，由于形与情的作用，儿童的抽象思维由难变易，对课文的理解，不仅有具体的形象感染，有情感的体验，而且也有对课文内在思想，即蕴含理念的由表及里的理解。就拿二年级学生学习《萤火虫》来说，当他们感受到萤火虫"提着一盏小灯"、"在夏夜的草地上"、"小心地照看着花草世界"的生动画面时，教师抓住"小心"、"照看"这两个内涵丰富的词让儿童展开讨论。孩子们是那样真切地回答："因为萤火虫怕吵醒了花草"、"萤火虫怕自己的灯火烧着了花草"、"萤火虫知道晚上花儿睡得好，白天花儿才能开得更美"、"萤火虫还怕坏家伙来伤害花草"……从孩子们的回答中，不难看出他们是在用自己的"心"学习，用自己的"情"读书。这样，他们对课文语言的理解也大大超越了那种注解式的字面讲解，"小心"就不是一般的"细心"、"不粗心"，"照看"也就不单是"照着"、"看着"，而是包含着"细致的关心与照顾"。这样，词义、词的形象、词的感情色彩及细微的差别，孩子们都一一领悟了。最后让孩子们设想"自己就是萤火虫"，他们带着真切的情感做了生动的概括："我想，只要能照看着花草世界，我就安心了"、"我就高兴了"、"我就满意了"、"我就心满意足了"，甚至冒出一句"我就没有遗憾了"。学生就是这样由具体到抽象地思考，了解课文蕴含的哲理。

现在不难看出，通过优化情境，学生在审美的乐趣中获得形象的感染、情感的体验、智慧的启迪，学习动机在其间不断强化，所有这些都有效地促使儿童掌握教材语言。这样，情境就由这些因子构成了相互作用的网络，成为一个连续体不断地推进，整个情境也随之而丰富。儿童的道德教育、思想教育、审美教育就在这个过程中潜移默化地进行着。这样，语文教学对儿童来说，就不仅是工具的掌握，也包含了思想、道德、智慧、审美的收获。

三、凭借情境：在创造的乐趣中，自然地协调大脑两半球的相互作用

情境教学追求的不仅是让学生在审美的乐趣中有情有义地感知教材，而且还要在此过程中，竭力发展学生的创造才能。应该说，每一个大脑功能正常的儿童，都潜藏着一定的创造性。当然，这种创造性是微弱的、稚嫩的，存在着很大的可变性，既可发展强化，也可压抑泯灭。从目前的语文教学来说，从课堂上的注入、分析，到课后"题海式"的作业，都是通过复现式的记忆去学习语言的，因而造成大脑左半球接受过度教育。脑科学告诉我们，"大脑在完成一个特定任务时，只允许一个半球占优势"，长此以往，将导致右脑的弱化。而右脑受抑制，最终会阻碍儿童潜在创造才能的发展。作为教师，我们往往注重学生知识的掌握、分数的高低，而很少考虑教学内容、教

学形式、手段是偏重于运用大脑的哪一个半球，是否会因教学抽象概念，缺乏形象与情感而影响右脑的激活、兴奋，以致造成压抑，甚至损伤儿童的创造才能。这是教学领域长期以来注重认知、忽视情感而造成的带有普遍性的问题。近年来，心理学、脑科学、思维科学一再呼唤教育工作者要重视开发儿童的右脑，尤其当计算机问世后，人的左脑的功能都可通过计算机完成，而右脑的功能，计算机则是无能为力的。因此，开发右脑更有其特殊的意义。这是人类挖掘大脑潜在力量，科学地优化人才素质的唯一途径。

情境教学由于本身具有的形真、情切、意远、理寓其中的特点，能巧妙地把儿童的认知活动与情感活动结合起来，从而平衡、协调大脑两半球的相互作用。教学时，教师凭借情境展现的生动形象，带着与作者相共鸣的真切的情意，全身心地进入情境。此时的情境，就不光是一种"物"与"形"组成的场景和画面，而是渗透着甚至饱含着教师的情感。在这种"情"与"境"的合力之下，儿童的情感也被激发起来了！"儿童是情感的王子"。情感为情境教学的纽带。师生情感的交流、互补，极大地丰富以至升华了单纯的直观手段与词结合的"物境"，从而使教学活动进入师生共处的忘我的状态。这种"形"与"情"的刺激必然激活右脑，而使左脑处于暂时的"休息期"，这能调整儿童心理，并能促使儿童精神饱满、生动活泼地继续投入学习活动。在这特定的教材相关情境中，可以有效地训练感觉，培养直觉，发展创造。从教育的远大目标即提高学生的悟性、培养创造性人才来说，情境教学对儿童右脑的发展已显示了它的价值。

训练感觉。感觉是人类认识世界的第一通道。"进入人类理性的所有一切的东西，都是通过感觉实现的。"（卢梭语）儿童的感官，通过训练可以日益敏锐起来；不着意训练，则会变得迟钝。而感官的迟钝必然会成为儿童提高直觉、提高悟性的障碍。因此，我们应该在儿童感官可塑性极大的时候加以培养。这个任务，不只是交给音、体、美的教学，语文教学也是可以承担的。情境教学的生动手段，都是可以作用于儿童感官的，或听，或看，或操作，儿童的感官就在这不断感觉中训练起来。在情境中，教师的语言描述，从教学目的来说，是在引导儿童感知、体验情境的主体或是细节；而从训练感觉的角度来看，正是在指导儿童"看"、指导儿童"听"、指导儿童"操作"。儿童的视觉、听觉、运动觉就在这不断的有指导的兴奋中变得敏锐、完善起来。事实也正是如此，实验班的孩子，确实眼睛特别亮，耳朵特别灵。墙边放着一根锯下的枯树枝，他们会不约而同地围上去，发现主干与枝干年轮的差别；观察日环食时，他们会发现地下的树影也变得异样；夜晚听到吧嗒吧嗒的"雨声"响得异乎寻常，而走到屋外，发现是下冰雹，于是在冰雹打落中观察起冰雹落地的蹦跳状，拿在手中看到其透明状……无数事实证明，感觉的训练使儿童对周围世界日渐留心、敏感，这就拓宽了他们进一步认识世界的通道，并且成为他们思维、想象、创造的重要基础。

培养直觉。情境教学注重训练感觉，激活右脑，十分有利于直觉的培养。人类社会的许多创造，可以说都是"直觉跳跃"的结果。我们要提高人才悟性，就必须从小培养儿童的直觉。直觉虽然不同于感觉，但直觉的培养离不开感觉。只有感觉敏锐，才有可能产生直觉。在儿童进入特定的富有美感的情境后，由于感官接受鲜明的形象，右脑非语言思维积极活动，往往会促使儿童在瞬间产生一种"很自然的感觉"，或者是直觉的反馈，诸如"这篇课文真美呀"、"大龙虾一定爬得比海龟快"、"红珊瑚与白珊瑚，我更喜欢红珊瑚"、"蒲公英是吸土壤妈妈的奶汁长大的"、"小蝌蚪的尾巴断了，一定游不起来，那就找不到妈妈了"类似这些直观的、笼统的、带有猜测性的臆想。一下子做出的判断，就是儿童直觉水平的显露。当然这是极初步的、低级的直觉水平。对于这种直觉的萌芽，实验班的教师应十分珍爱，做到尊重直觉、利用直觉、培养直觉，及时予以热情的鼓励，肯定"感觉不错"、"一下子看出来真不容易"，并利用直觉反馈，激发、强化学习动机，引导儿童通过简单的演绎进行初步的逻辑推导，以验证自己的直觉正确与否，进一步认识事物本身，加深理解课文含蕴的理念。通过天长日久的情境观察、感官训练，强化感知觉，积聚大量表象与经验，并突现、强调情境的某一部分，使儿童潜在的直觉在外界有利因素的碰撞下，迸发出直觉思维的火花。这种培养虽然是初级阶段的启蒙，然而是不失时机的，对激活、发展右脑潜力，提高儿童的悟性，是十分有意义的。

发展创造性。情境教学注重感觉的训练、直觉的培养，实际上都是为了发展儿童的创造性。情境中鲜明的形象、热烈的情绪，使眼前形象与儿童视觉记忆系列中的形象，联动地跳跃式地进行着。联想、想象活动近乎无意识地展开，右脑的非语言思维显得十分活跃。实验班教师因势利导，以师生的情感交流，营造创造的氛围。在此时此境中，儿童潜在的创造性易于突发表现出来，但需要启发引导，促其进行新形象的多种组合，并结合学科特点，变复现式的记忆为创造性的语言训练。从课文出发，或改变体裁，或转变人称，或增添角色，或续述故事，或抒发情感，或阐述道理。从语言形式讲，有独白，有对白，也有多角色的表演，灵活运用已学的词句篇和修辞手法，使儿童的创造才能得以表现。实验班教师在儿童进行创造性语言训练后，及时赞扬，使儿童体验到创造的愉快，从而产生创造意识，享受创造成功的快乐，以激发进一步创造的热情。儿童的创造是可敬佩的。不久前，我给一年级小朋友上的单元综合思维训练课给我很深的体会。教学时，我让孩子们进入本单元主题"插上想象的翅膀"情境，让孩子们体会特设的小主人公"最爱想"，体会课文作者奇特想象的思维轨迹，孩子们深受感染，并从中得到启发。当他们画一对翅膀，思考送给谁时，竟能想到数十种答案。在这画翅膀、送翅膀的过程中，孩子自己想象的翅膀也展开了。请听他们的美好的遐想："我把翅膀送给面包，让它快快飞到世界上没饭吃的地方，让外国的穷人尝到中国的新鲜面包！""我把翅膀送给李老师，李老师外出开会就不用坐火车和轮船了，这多节约时间呀！""我把翅膀送给我自己，我要飞上月亮，看看月亮上是不是真的有小玉兔。"……不难看出，孩子的创造性在求知、求异，思想、情感和伦理中表现得多么令人兴奋啊！

情境教学注重感觉的训练、直觉的培养、创造性的发展，其中渗透形象、情感、想象，给儿童带来无限的快乐与活力，促使其右脑兴奋、激活。而情境教学又不囿于此，还引导儿童有机地将形象与课文语言（词）结合，通过朗读、复述及一系列的运用、推敲、鉴赏等语言活动，加深对教材语言的理解，并通过教材语言，引入对作品内在情感的体验，对教材思想观点的概括、认识。这就很自然地促使儿童进行语言逻辑的思维，或弄清因果，或比较评判，或分辨是非，这又得依靠左脑的功能，激起左脑的兴奋。而已获得的形与情，则作为儿童进行语言思维、逻辑分析、推导的"资源"供给。这就使大脑两个半球交替兴奋，产生互补，协调大脑两半球的相互作用。大脑两半球兴奋的变换，使儿童不断获得新鲜感，兴奋的情绪得以持续，课堂上自然呈现出生动活泼的景象。儿童的想象力、直觉、创造精神，就在教学过程中得到较好的培养与发展。

四、拓宽情境：在认识周围世界的乐趣中，平衡两个信号系统的发展

人类是大自然之子，大自然是人类生活的根基、智慧的源泉。大自然的万千姿态、绚丽色彩及富有音乐感的声响，又成为对儿童进行审美教育的课本。现在的注入式教学已经忘却了大自然这本好书，忘却了它是一个广阔的、多姿多彩的生动课堂。语文教学已经将学校的高墙与大自然隔

开，单纯的语言思维不仅打破了第二信号系统与第一信号系统之间的平衡，而且已经逐渐导致第二信号系统源泉的枯竭。根据巴甫洛夫学说，词和符号需要从形象方面得到不断地强化，其途径就是与周围世界、与生活接触。我们不会忘记，人类从婴儿时期到学龄前期，从单词到短语，从多个词排列、组合成句，逐渐达到语言自动化的复杂过程，是在没有老师、没有教科书的情况下，独立地克服了最初学习语言的种种困难完成的。婴幼儿在大自然的怀抱里吮吸丰富的营养，在生活的具体情境中，迅速地发展了感知觉，在这样的基础上，才逐渐学会语言、掌握符号，保持着两个信号系统的平衡。但是我们却常常会丢弃儿童独立学习语言的这一成功经验，在不知不觉中，把儿童自然保持的两个信号系统的联系割断，使之失去两者之间的平衡。我以为这是小学语文教师很容易犯的一个错误。我们应该顺乎自然，利用儿童学习语言的经验，让儿童回归大自然，投入周围世界宽阔而丰厚的怀抱。

情境教学根据儿童认识世界、学习语言的规律，注重儿童与大自然的接触，引导他们由近及远、由表及里地渐次地认识周围世界。实验班特设观察说话、写话课及野外活动。这就在开设的课程类型上为儿童接触大自然、接触周围世界、保持两个信号系统的平衡提供了保证。通过这些课型的开设，老师带儿童去感受春天的生机、夏天的繁茂，体验秋天的奉献、冬天的孕育；去观察太阳怎样使人类从黑暗走向光明，月亮怎样跟着地上的孩子在云朵里穿行的微妙动态；感受日出的气势、光亮、色彩、炽烈，体验月行的恬静、温柔和所展现的神话般想象的意境；思考宇宙天体与人间四季变化的因果关系。那春雨的淅沥、雷雨的轰响、晨雾的迷蒙、白雪的纯洁，这些大自然发生变化的景象，实验班都让孩子细细地观察过，并在其中领略、品赏、思索……

实验班在带领儿童投入大自然的怀抱时，从求近、求美、求宽的角度去优选周围世界的生动场景，并因地制宜，在学校附近的田野建立野外活动基地。那里的一条小河、一块农田、一片小树林、一座古老的宝塔，成了儿童较早认识的周围世界的一角。实验班正是从这儿，从儿童身边开始，小心地、有序地打开了一扇扇通向更广阔世界的窗户。

在实验班五年的学习生活中，儿童不断地与周围世界接触，充分领略到大自然赋予的美感，逐步地认识社会生活。儿童智慧的火花在其间被点燃，丰富的感知广泛地储存了关于周围世界的表象，为第二信号系统开拓了取之不尽的源泉。在此过程中，实验班也注意到让接触周围世界、认识大自然与启迪智慧、与道德和审美教育有机结合。

渐次认识大自然。周围世界是一个相对的空间，一个由大自然与社会生活构成的光怪陆离的天地。其中大自然以它特有的丰姿、无与伦比的美感，成为对儿童来说特别富有魅力的场景。但不宜将它一览无余地展露在孩子面前，必须渐次地在儿童眼前揭开大自然的面纱。就拿校门口的小河来说，要想经常带孩子去而又不至于重复，只有逐一地渐次进行。第一次，老师把孩子带到小河边，帮助他们认识这是一条小河，一条弯弯的小河，河上有一座桥，河两岸有树、有芦苇，让儿童认识小河的形状、空间位置及岸边的主要景物。第二次来到小河旁，让孩子们坐在小河边静静地听着小河水哗哗地向前流去的音响，看着小船儿悠闲地在水面上摇着，小鸭子也跟在后面嘎嘎地叫着。然后，让孩子从河上的景物猜想河底还会有什么。于是，小虾、小鱼、小石子、小螺蛳、小乌龟，一下子闪现在孩子的眼前。《小鱼巧遇小虾》的童话、《乌龟和螺儿赛跑》的故事，就在这诗一般的小河边、在大自然的怀抱里诞生了。一篇"弯弯的小河，穿过石桥，绕过田野，哗哗地向远方流去"的带有八个生词的课文，一年级刚入学的孩子竟然轻而易举地学会了。这些词语带着鲜明的色彩与音响进入了孩子的意识，给孩子留下了难以磨灭的视觉记忆。倘若不在小河旁，不通过感官认识小河，文中的"石桥"、"田野"、"远方"以及动词"穿"、"绕"、"流"，该费多大的劲向孩子讲解；即使讲了，孩子还可能不知所云。这充分说明，只有第一信号系统提供"资源"，第二信号系统的语言思维发展才有基础。基础丰厚，发展必迅速。后来在这小河边，还进行了《小河上吊桥的不平常的经历》《我们沿着小河走》《小河边的青蛙音乐会》《小蝌蚪到哪里去了》《小河边的芦苇丛里》《小河结冰了》《小河畔的野花》等课文内容的观察活动。仅从某个小角落，儿童就可由此去感受周围大自然的美、趣、情。如果其他的场景也都如此渐次地进行，大自然的美在孩子的心灵上就永远是新鲜的，富有诱惑力的。儿童对大自然的感情，也在这有意无意间日积月累地积聚起来。反之，离开大自然奢谈自然之美、生态平衡，只是一席空话而已。因为没有感性，哪里有理性呢？

潜心启迪智慧。周围世界的某一场景虽然是广阔天地的一隅，但此物与彼物、甲现象与乙现象的变化及因与果的相互关系都可以激起儿童的思考。面对具体情境，感觉真切，思维就有了材料，推理就易于找到依据。这对正处于具体的形象思维向抽象的逻辑思维过渡、发展的学龄期儿童更为合适。例如，带三年级的儿童去认识菜花，进行《菜花冠军》的情境作文时，学生由于亲眼看到了金子般的油菜花、花蝴蝶似的蚕豆花、那比大包子还要大的菜花，又闻到了春风吹来的浓艳的菜花的芳香，似乎进入了菜花的世界。鲜明的形象，使感觉获得了丰富的源泉，思维活动积极展开，他们自己提出："菜花比赛，谁做裁判？"又是他们自己做主："请蝴蝶和蜜蜂当裁判。"在田野上，孩子们像一群小鸟叽叽喳喳地、欢快地叫开了："蚕豆花躲在豆叶下，它的谦虚谁也比不上。""油菜花好看、籽儿多，榨成的油可以流成河，它才是真正的菜花冠军呢！""野菜花遍地都是，锄不净，挖不完，就是野火也烧不尽，它的生命力是最强的。""菜花比赛"变成了孩子思维能力、想象能力、运用语言本领的比赛。至于在观察天体、天象的情境中，儿童思想的活跃就更不用列举了。因为两个信号系统的平衡，使孩子表象丰富、思路开阔。

与道德、审美教育结合。大自然并不是孤立存在的。它与人相连，就必然与社会相通。涉及社会就包含着思想道德、审美情趣。因此，在引导儿童认识周围世界时，实验班有机渗透思想教育、道德教育及美的熏陶。就在那美丽的田野上，从老牛的"哞——"到拖拉机马达的轰响，从方整的农田到在田野里辛勤劳作的农民，从田野边寥寥无几的低矮的小屋到耸立在村边的一幢又一幢新建的小楼房，从老街上石子铺成的小路到今天宽阔繁忙的大街，无不饱含着对儿童进行热爱劳动、热爱美丽的家乡、热爱优越的社会主义和热爱伟大的党的生动形象的教育。尤其是带有主题的单元教学中的野外活动，更可以把感受自然美与思想道德教育结合起来。春天去祭扫烈士陵园，烈士墓前的苍松翠柏、墓前的花束正散发着泥土的芳香，宁静的田野盛开着桃花，河岸边飘荡着柳枝，连同孩子手中的小白花，构成了自然美与社会美交织在一起的生动画面，两者相互迁移、相互强化——因为烈士牺牲的悲壮，更觉松柏的庄严肃穆；因为田野的美好，更感烈士的丰功伟绩。诸如此类的许多有关近代史的教育、国情的教育，在实验班常常是在认识周围世界的过程中相机进行的。情境教学帮助儿童走出了封闭很久的几十平方米的小教室，来到广阔的天地里，自由地呼吸新鲜的空气，看到了广袤天宇下的大千世界。大自然及社会生活中的各种事物直接间接地作用于儿童感官，这种开放式的信息储存，为第二信号系统提供了丰富的资源，使儿童得到源源不断的思维"材料"，并且随着儿童视野的拓宽，其思维的领域也日益扩大。事实表明，只有保持两个信号系统的自然平衡，儿童的思维才会具有广阔性、深刻性、灵活性的品质。

　　情境的运用给课堂带来了生气，带来了欢乐，改变了注入式教学那种闭门读书、单一地"听分析"、运用复现式的记忆学习语言所造成的儿童负担重、效率低的被动学习的状况。它针对儿童的思维特点和认识规律，以"形"为手段，以"美"为突破口，以"情"为纽带，以"周围世界"为智慧的源泉，促使儿童合理地使用大脑，且又有和谐的师生关系为保证，儿童在学习语文的过程中，终于获得了探究的乐趣、审美的乐趣、认识的乐趣、创造的乐趣，从而使教学真正成为生动活泼、满足自我需求的活动。儿童学习的兴趣、审美的兴趣、认识的兴趣乃至向往丰富精神世界的兴趣，也在其间培养起来。这样的小学语文教学为儿童将来成长为社会主义的建设者和接班人，成为有益于人民的脱离了低级趣味的高尚的人打下知识的、能力的、智力的、情感意志的重要基础。

（原载《教育研究》1991 年第 11 期）

"情境教育"的探索与思考

【提　要】文章介绍了"语文情境教学"向"情境教育"发展的探索过程，论述了"情境教育"的基本模式，即从拓宽教育空间、缩短心理距离、利用角色效应和加强应用操作等方面，为儿童提供一个宽阔而又贴近生活的最适宜的成长环境，促使其个性得到全面发展。

近一个世纪来，中国的教育受凯洛夫教育思想的影响极深，注重认知，忽略情感，学校成为单一传授知识的场所。这就导致了教育的狭隘性、封闭性，影响了人才素质的全面提高，尤其是情感意志及创造性的培养和发展。历经十余年探索，情境教学把儿童的认知活动与情感结合起来，开辟了一条促进儿童主动发展、学得生动活泼的有效途径。教育是面向未来的事业。21世纪人才活动的舞台是更加广阔、更加活跃、更加复杂的国内国际大时空。未来大教育的目标，激励着千百万中国的教育工作者，用广角度的思维方式构建教育的模式，也促使我的研究从语文教学单科运用情境教学向情境教育发展。

一、探索历程

首先，我们从情境教学运用于语文单科的成功经验，抽象、概括出符合儿童心理特点和认识规律的带有共性的创设情境的"四为"和"五要素"。

"四为"即以"形"为手段，以"美"为突破口，以"情"为纽带，以"周围世界"为源泉。"五要素"即以培养兴趣为前提，诱发主动性；以指导观察为基础，强化感受性；以发展思维为中心，着眼创造性；以陶冶情感为动因，渗透教育性；以训练学科能力为手段，贯彻实践性。然后，我们提出了情境教学向整体优化发展的设想，确定了"优化情境，促进整体发展"的总课题，逐步形成情境教育的实践基础和理论构想。运用"四为"，各科教学创设情境就有了依托；掌握"五要素"，各科进行情境教学就有了统一思想。只有有了统一的教育思想，才能有和谐的教育。

（一）从学科教学着手

在学校各年级语文教学运用情境教学的大环境下，情境教学首先向相邻学科——思想品德课延伸，针对思想品德课需情感参与才能动情晓理的特点，创设形象生动的德育情境，向学生展现正面的感性形象，激起儿童的道德情感，让儿童伴随着道德情感形成健康的道德认识，使长期以来抽象的说教式的思想品德课变得生动活泼、有血有肉。有了情感的铺垫，儿童道德观念的形成就不再是概念的、公式的、空洞无物的。通过模拟生活情境进行的正确行为习惯反复训练的养成教育，更加符合儿童特点，易于被儿童接受而不致引起他们的逆反。

情境教学向思想品德课延伸实验的成功，推动了其他各科实验的发展。音、体、美等艺术学科由于本身具有的丰富的形象性，比较顺利地探索出了各自运用情境教学的要领、途径及方法。以"趣"激发动机，以"美"愉悦身心，创设教材相关情境，让儿童在其中进行感受、得到陶冶；促使儿童在审美愉悦中，借助想象的作用，训练技能技巧，即把想象与科学技巧的训练紧密结合起来。这样，技能技巧的训练是"实"的，但方法是"活"的，儿童学起来是有趣的。

较为难攻的"堡垒"是理科,即数学和自然常识。我们冷静地做了分析,觉得无论是自然常识,还是数学,虽然是抽象的,然而它们如同文学艺术一样源于生活,是由于生活的需要才产生了数学和自然常识,而最终又运用于生活。它们体现了宇宙间的秩序,蕴含着科学的、和谐的美。追根究底,它们都是具体的,是有形象可感应的。而现在数学与自然常识教学的弊端,往往是唯逻辑的,完全脱离了生活,这使其变得过于抽象、不可捉摸,而令孩子们兴味索然。于是,我们还理科的本来面目,把"数"与生活结合起来,让儿童在生活的情境中,理解"数"与"形"的关系,又在模拟的情境中加以操作,强化理科的应用性、趣味性,强调在形象思维的伴随下,训练发展逻辑思维能力。我们还根据自然常识是科学探究的结果的特点,创设一种探究的情境,让儿童通过自己的探索理解自然常识,培养儿童学习自然常识的兴趣,发展儿童对科学的热爱和探究精神,并通过情境培养出将科学知识应用于生活的热情和实际操作能力。

这样实验按照单科→相邻学科→其他各科,以课堂教学为中心环节,一步步推开,取得了初步成效。

(二)从课堂教学向课外活动延伸

活动是培养儿童自主意识、自主能力,从而获得自主发展的重要渠道,这是其他任何教育手段不可替代的。因此,从课堂到课外、到校外,应该留给儿童更多的活动余地。我们把情境教学延伸到课外活动中去,就是依据环境无不对儿童发生作用为根本出发点,优化儿童的活动空间,以吸引儿童主动投入、主动参与。我们用现有的物质条件,创设了一个"洁、美、智"的校园情境,渲染了美好、智慧、宜人的氛围,让儿童觉得生活在学校舒适、快活、智慧，由此培养儿童喜欢校园、热爱学习的情感。我们以丰富多彩的形式组织经常性的文体活动、科技活动等，构建主题性大单元教育活动，努力使活动在学校占有一定的地位。实践表明，只有课内与课外相通，教学与活动结合；学校与社会相通，认识世界与锻炼自主能力相结合，才能为儿童打开更多的认识世界的窗户，拓宽儿童施展各自才能的天地。在儿童活动的生活空间的不同区域，均以"智"为中心，以"美"为感人形式，并以各区域自身的特点创设"趣、美、智"的教学情境、"洁、美、智"的校园情境、"乐、美、智"的活动情境以及"净、美、智"的家庭情境，构成一个广阔的目标一致的整体优化情境。教育的协调、同步，保证了教育的整体效应，显示了情境教育的可行性、优越性。

二、基本模式

情境教育的探索，给学校教育带来了勃勃生机。在探索过程中，我们以儿童的个性全面发展为目标，依据马克思关于人的活动与环境有机统一的哲学原理，借鉴心理学中暗示、移情以及心理场等理论，构建情境教育基本模式。

情境教育针对以往学校教育的弊端，通过优化环境、优化活动进行改善。我们根据教育教学的远期目标和近期要求，针对儿童特点，通过图画、音乐、表演等艺术的直观或现实生活的典型场景，直接诉诸儿童的感官和他们的心理世界。艺术手段的力度、优选的现实生活场景的美感，正符合儿童的兴趣和需求，且与他们的思维想象能力相协调。这种不显露的、用创设情境的间接方式对儿童心理及行为发生影响，从而一步步达到既定的教育目标的过程，就是暗示的作用。儿童进入这样特定的情境，在教师语言的调节下产生强烈的情绪，内在的心理倾向趋于教育过程，便情不自禁地投入学习活动中。情境教育的形真、情切、意远、理寓其中的特点，无不显示了情境教育特定的环境对儿童心理倾向发生的作用。我们用"无意识"导引"有意识"，用"情感"伴随"理性"。也就是说，情境教育正是利用暗示，通过周围环境与儿童心理产生共鸣的过程，充分激活了儿童的潜能，迅速推进教育教学活动。儿童是最富有情感的，儿童情绪在暗示的作用下被唤起后，又易于将自己的情感移入所感知的教育教学内容中的人、物、事件或景物上。情境教育正是利用儿童心理这一最宝贵的特点，以情感作纽带，把儿童内心的情感移入所认知的与教育教学相关的对象上，从而加深儿童对教育教学内容的情感体验。这种伴随情感的认知活动，就比缺乏情感的认知活动丰富得多、深刻得多。

而这种暗示的移情的作用，正是依赖于心理环境进行的。我们创设的教学情境、人际情境、活动情境、校园情境的诸多区域构成了儿童的生活空间，一个渗透着教育者意图、富有美感、充满智慧和儿童情趣的生活空间。这就是情境教育特意创设的或者优选的情境，而不再是一般意义上的客观环境。儿童进入这优化的情境，情境的力度、真切感和美感，在暗示、移情作用下都足以影响儿童的心理世界。丰富形象的感染，真切情感的体验，潜在智慧的启迪，可使儿童得到一种需求的满足。这种心理需求得到满足时的愉悦，就形成了一种向着教师创设情境的目标推进的"力"，从而使儿童主动地投入教育教学活动。儿童对这种教育教学活动主观需求的态度、情绪、语言和行为，使已创设的情境更为丰富，情境渲染的气氛更为浓烈；置身其中的教师，便即时感受到育人成功的快乐，又以更饱满的热情投入教育教学活动。这样"情境—教师—学生"三者之间形成相互推进的多向折射的心理场，促使儿童用"心眼"去学习，教育教学活动时时可以进入一种沸腾状态，从而加速顿悟，改变认知结构。

（一）拓宽教育空间，追求教育的整体效益

每一个儿童都是在一个十分具体的环境中成长起来的。环境与在其间活动的人群，构成了一个静态与动态、物质与精神交织在一起的儿童生长环境。这个环境对儿童的影响虽然是不知不觉的，但却是极其深远的。

儿童生长的环境是非常宽阔的，然而，受"学校是传授知识的专门场所"的传统固有观念的影响，加之教育目标被"考试—分数—升学"所扭曲、阉割，教育空间变得那样狭小。校园的高墙乃至教室的门窗，阻隔了儿童与社会、与大自然的联系。在这样一个狭窄天地里怎么去培养能适应未来、适应世界，可以驾驭现代化的人才呢？在这封闭的狭窄天地里，在陈旧的知识、禁锢的意识笼罩下培养出来的学生，只能"继承"文化，只能"复现"知识，对未来大时空中信息的辐射要敏锐地去感应、接受、发展，是十分困难的。既然国门已经打开，教育应随之形成一个开放的系统，拓展教育空间，从课堂这一教育的主体区域延伸开去。儿童活动的每一个空间都是一个教育源，或正效应，或负效应。情境教育旨在把儿童活动空间中的每一个区域构成一个连续的、目标一致的和谐整体，以充分利用环境、控制环境。

1. 通过多样性的课外活动，渲染学校欢乐向上的氛围

儿童总是在自身的活动中获得发展的，可以说没有儿童的活动，就没有儿童的发展。而活动内容单调则不能吸引儿童参与，更不能形成理想的氛围。为保证多样性活动的顺利开展，学校以年级为实体，保证文体活动的开展，普及兴趣小组活动，促使全体儿童身心愉快，特长、爱好得到培养和发展。为使课外活动综合化，我们分别将"信息交流"、"艺术欣赏"、"故事大王"、"作品朗诵"、"行为训练"多种活动项目列入每天20分钟的综合课内。为使课外活动具有广泛性，结合节日、时令设"教育周月节"，并形成传统：

上半年二月设"爱书周",注意培养儿童对书籍的热爱,做到班班有图书角、人人有图书柜(箱);三月设"学雷锋周",广泛开展学习雷锋活动,并针对社会弊端,着重进行责任心与社会公德的教育;五月结合国际劳动节设"创造周",集中进行创造教育,广泛开展科技小制作、科学小论文的少儿创造活动;七一前设"幸福节",继续对儿童进行艰苦朴素的传统教育,引导儿童了解国情,抑制超前消费。下半年结合迎国庆,设"爱国月",把热爱祖国的教育作为整个思想道德教育的主线;十一月结合秋收设"丰收日",从丰收果实的展示培养儿童对劳动、对劳动人民的思想感情;十二月结合孩子们喜欢的圣诞老人和元旦,设"童话节",让儿童在童话世界里尽情享受生活的美,插上想象的翅膀,激起创造的热情,在新年的爆竹声中把多彩的课外活动推向高潮。此外,各年级还开展丰富多彩的周末活动,如营火晚会、元宵灯会、三八节"与妈妈同乐"、"十岁生日"等,这些都使儿童兴奋不已。就拿元宵灯会来说,从中年级起学生各自扎灯,集中展览,分班观赏,最后在元宵之夜大家举灯畅游校园。盏盏灯光与天上的星光共明,对儿童来说,那是一种多么美妙的情境啊!至于"动物运动会"、"猜灯谜比赛"、"故事比赛"、"小能人比赛"、"普通话比赛",各类小规模竞赛活动更是形成连续不断的激励机制。多样性的课外活动有效地拓展了教育空间,其形式的生动、场景的美感、师生的积极参与,无不作用于儿童的心理世界,从而让儿童感受到校园中的欢乐、友爱,感受到群体向上的力量。

2. 通过主题性大单元教育活动,强化教育的效果

传统教育的离散性,削弱了教育的整体效应。各科教学、课外活动,各行其是。而这些来自学校各方的信息终将投射到学生身上,作用于学生的心理世界。因此,组成教育整体的各要素之间若相互协调,则相互强化;若抵触阻隔,则相互削弱。为了追求教育的整体效应,情境教育"以德育为主

导，以语文科学为龙头，以课堂教学为中心环节"，实行大单元教育，充分利用教育教学内容中的"相似块"，将其集合在一起，确定主题，从各个不同的侧面集中进行。利用大单元活动组成部分的一致性，加大教育的力度，使有时限的教育教学活动从深度、密度上拓展教育空间，强化教育的效果。我们从儿童的特点出发，以他们喜闻乐见的形式，创设活动情境。具体围绕传统的道德教育、时代精神的自主教育、体现社会主义特点的"三热爱"（热爱共产党、热爱祖国、热爱社会主义）教育确定主题，"从未来着眼，从现在做起"；针对当代独生子女由于养尊处优普遍存在的依赖、娇弱、"唯我"的缺陷，着重培养儿童的集体意识、责任意识、竞争意识、自主意识，发展儿童的动手能力、交往能力、组织能力、"三自"（自我教育、自我管理、自我学习）能力。例如，在新年到来之际，为了培养儿童关于时间的价值观念，把语文、思想品德以及其他学科中有关"时间、时间价值、惜时"等内容进行调整、相对集中，组合成以"与时光老人赛跑"为主题的大单元教育活动，各班则举行"一分钟的价值"队会，而整体环境则是以"深圳速度"为主体背景。这样看的、听的、读的、算的、画的、唱的、做的都以时间价值为主线，相互作用，多向迁移，相互补充，强化了教育教学效果。学生领悟到的"时间"不再是在课本上，而在生活里具体存在着，每分每秒就从我们身边匆匆溜过，从不停步。再加上"比××快"各类小竞赛的开展，使整个的环境、气氛构成了快节奏、争效率、紧张兴奋的教育情境。从教室到操场，从学习到日常行为习惯，让学生感觉到当今时代跳动的脉搏，具体而深刻地理解速度就是效益、时间就是生命，激励儿童在日常行为中珍惜时间。

大单元教育活动每学期虽然只有 2~3 次，但由于它具有较强的力度，通过情感的弥散，能得到较为持久的稳定的教育效果。在大单元教育主题的主导下，班队活动也以相应"小主题"做铺垫，使教育在连续的情境中、逐步推进、逐步深化，使得从班级到全校都弥漫着一种健康向上的氛围。

由于大单元教育活动一般具有"主题明确"、"情感伴随"、"儿童自主"、"角色众多"、"场景转换"五大特点，加之活动的动态连续、综合，因此教育情境既具有生动性，又具有一定的深刻性，并促使儿童按捺不住热烈的情绪主动投入。这样，学校教育把儿童认知、情感水平提高到一个新的发展阶段，使教育获得了知、情、意、行的整体效应。

3. 通过系列性野外活动，不断丰富课堂认知活动的源泉

大自然是人类赖以生存的环境，大自然无与伦比的美感连同种种景象所包容的、所显示的因果关系，都会引起儿童的喜悦、惊叹和思考。儿童所掌握的词汇在其间复活，同时又在其记忆屏幕上留下丰富鲜明的表象。在很大程度上，儿童的发展是与周围世界相互作用的前进运动。为此，我们极力扩大儿童的视野，拓宽教育空间，开设了野外活动课程，低年级两周一次，中、高年级一月一次。

在条件尚不具备建立野外活动基地前，我们会优选学校周围的典型场景，由近及远，由单一的大自然的场景到以大自然为背景的社会生活的一角一隅，初步形成野外活动的网点。从学校后的田野、小河到学校西侧古老的光孝塔，然后沿着绕城而过的壕河至城郊的山麓和浩荡长江……一个点就是一卷画，是一个用"美"编织的生活空间。古老的光孝塔下的野外活动不仅是观察说话的好题材，那一层层飞檐塔角叮当作响的铃铛也是数学现场教学的生动数据，当然也是图画老师让儿童作画的好题材。大家在河畔采野花、捉小蟹、捡落叶，乘着龙船环游壕河。龙船在碧波上缓缓行驶，孩子们的歌声在河上飘荡，两岸的美景缓缓地从身边移过。每一次，孩子们去郊外的萝卜地、果园、稻田、瓜地，丰收的场景都使他们沉浸其中。对劳动、劳动果实、劳动人民的情感，就在这具体生动的一幕幕场景的认识过程中培养起来

了。野外活动的高潮便是在家乡的青山绿水之间、江边的芦苇荡里，尽管这里很少有行人涉足，但它们对孩子们来说是那样富有魅力。一班又一班的孩子从这儿钻过，脚下是水草丛生的沼泽，头上是轻轻吹拂的白絮般的芦花，鲜红的队旗在队伍的前头迎风飘扬。战胜了艰难与曲折，孩子们终于钻过了一眼望不到边的芦苇荡。绿色的军营更是孩子们向往的地方，白天，解放军叔叔全副武装指挥操练；晚上，夜宿军营点燃篝火，在篝火旁战士们为孩子们讲传统、讲战斗故事，孩子们在军营中度过了难忘的白天和黑夜。一篇篇军营日记诞生在20世纪90年代少先队员的日记本上……更催人奋进的是毕业前夕的"夜行军"——孩子们在太阳升起之前，登上山峰，当朝霞满天、旭日跳出地平线时，孩子们欢呼起来，不约而同地朗读诗歌《太阳颂》。置身于此时此景，孩子们可真是忘情了，那不仅是对日出的感受，更主要的是对光明、对博大、对无穷自然力的最形象、最完美的心灵的领悟。

作为课程设置，野外活动得到了保证。孩子们可以经常地走出学校，接触大自然，感受到美，获得丰富的感性材料。这使他们一次又一次接触思维和活的言语的源泉，展开联想和想象，进行逻辑的分析推理。这些活生生的信息资源，大大地丰富了儿童课堂上的认知活动；同时，这又是对儿童心灵的塑造。

（二）缩短心理距离，形成最佳的情绪状态

多少年来，学校的教育活动是被动式地进行的，给学生一种"距离感"。所谓"距离感"，表现有三。其一，教育者与被教育者之间有"墙垛"。师生之间常处于一种"我教你学"、"我灌输你接受"、"我出试卷你答题"、"你犯毛病我训斥"的状况，老师的权威、尊严拉大了师生之间的距离。儿童不敢接近老师，不敢爱老师。对老师不爱，学生怎能对老师所教的学科感兴趣

呢？其二，学习者之间有"隔膜"。同班同学在学习上、道德行为上相互之间漠不关心。谁成绩下降了，谁道德行为出了偏差，很少有人为之焦虑不安，这是真正的隔膜。这种隔膜成为形成热烈学习气氛的障碍。其三，学习者与教育内容之间有"鸿沟"。从理科讲，概念、定义不可言状，"它们来自哪儿？"、"学了又做什么用？"难以思议；从文科讲，教材中无论是战争年代的英雄、远古年代的名人，还是祖国山水名胜、异国他乡的风俗人情，都觉得它们属于古老的岁月、遥远的地域，加上老师的纯理性分析，学生更觉它们陌生而格格不入。这种对教学内容的"距离感"，怎么能让儿童从中获得真切的感受呢？又如何唤起学生的学习情绪呢？缺乏热烈的情绪，就缺少投入学习活动的"力"，儿童的心理倾向就很难主动地趋向教学过程。

由此不难看出教育的"距离感"，影响了儿童主动投入教育教学活动的积极性。情境教育便通过创造一种"亲、助、乐"的师生人际情境和"美、趣、智"的教学情境来缩短儿童与老师、与同学、与教学内容之间的心理距离，促使儿童以最佳的情绪状态，主动投入、主动参与，获得主动发展。

1. 创设亲、助、乐的人际情境，缩短教育者与被教育者及被教育者之间的距离

沟通师生情感交流。儿童是最富情感的，老师在他们心目中是最有权威而又最值得爱的人，这种情感孕育在儿童的内心，他们总想表露这种爱，也总希望老师能爱自己。而对于老师是否可以爱，又是否爱自己，儿童幼小的心灵会十分敏感地触摸到老师的内心情弦。于是，我们提出了"一切为学生的发展服务"的总体要求，要珍爱学生的情感，奉献自己的爱心，使师生关系首先成为一种情感交流的十分亲和的人际关系。教师应以自己的爱心触及学生的情感领域，以"爱生乐教"作为座右铭，帮助每个学生树立起成功的信心。学生们则会从老师那儿十分敏锐地感受到一种期待、一种力量，从而转换

成学习的内部诱因。这种群体的信心，老师和学生之间情感的相互作用和良性循环，逐渐形成一种"诲人为乐"、"学而感趣"的教风和学风。优良的教风和学风的形成，成为儿童热爱学习、主动学习的情绪背景。亲、助、乐的师生人际情境的情绪效应得到发挥。

师生共同参与活动。老师、学生共同组织、一起参与活动，使师生之间有了更多的交往，提供了更多的相助的机会。例如，在"伸出友爱的手"的救灾活动中，老师和学生一起把钱塞进"友爱箱"；野炊中，老师、学生一起生炉子，烧菜做饭；在燃烧的营火旁，在欢腾的歌曲声中，老师和学生一起拉起手跳舞；在模拟军事演习中，老师想的是学生的安全，学生希望的是看到老师的身影，于是，老师和学生一起匍匐前进，一起攻"碉堡"。在优化的活动情境中，师生共同进入了忘我的境地，师生间无形的"墙垛"，不知在什么时候被推倒了。

在活动情境中建立起来的融洽的师生关系，必然反映到教学活动中来。教师情感的投入，儿童感受后再作用于教师，形成一种教与学相互推进的合力，使教学活动在亲、助、乐的人际情境的作用下，构成了适宜促进儿童主动投入教学过程的心理世界。"学生尽可能大地发展"，成为教师育人、育智的目标，成为班集体，也成为个人自我发展的目标。

2. 创设美、趣、智的教学情境，缩短教学内容与学习者之间的距离

各科教学内容，在儿童已知—未知间必有距离；而且，事实上各科教学内容中有许多并不是来自儿童身边，而是既有时间的距离，也有空间的距离。加之教师纯客观的分析、灌输，更拉大了教学内容与学习者之间的距离。对这种"有距离"的教学，儿童感到陌生遥远，很难激起学习的情绪。情境教育以生动的直观与语言描绘相结合创设情境：或实体情境，或推理情境；或模拟情境，或想象情境；或语表情境，或操作情境，再现教材的相关

情境，使各科教学贴近儿童，使其因感受真切而产生亲切感。

情境教育所创设的情境，首先注意渲染具有一定力度的氛围，使儿童对客观情境获得具体的感受，从而激起相应的情绪。在把儿童带入情境后，通过情境的强化，即从生活的展现、实物的演示、音乐的渲染、图画的再现、角色的扮演以及语言的描绘六大途径中，择其相应的进行综合运用，或音乐、图画并举，或音乐、图画、角色扮演同步，或角色扮演、实物演示合二为一等，使情境作用于儿童的多种感官，加深儿童的感受。儿童由"近"感到"真"，由"真"感到"亲"。在教师语言提示、描绘的调节支配下，儿童情不自禁地将自己的情感移到教材的对象上，在想象的作用下，仿佛"我就是××"，进而到达"我他同一"、"物情同一"的身临其境的心理场中。随着情感体验的加深，在教学活动起始阶段儿童产生的激情，通过情感的弥散，处于相对稳定的状态，并随着情感活动与认知活动在不同学科、不同年级延续、反复、发展，儿童的审美情感、道德情感及初步的理智感，也随之受到了很好的陶冶。而儿童高级情感的发展正是提高人才素质的主要基础。情境教育的优越性在某种程度上就是通过移情，使之既成为促进儿童发展的有效手段，又达到培养儿童高级情感的最终目的。"关注"—"激起"—"移入"—"加深"—"弥漫"，在情绪发展的过程中，认识态度更为明确。

这种美、趣、智的教学情境及亲、助、乐的人际情境的协同作用，有效地缩短了教育者与被教育者、教学内容与学习者以及学习者之间的心理距离，师生以最佳的情绪状态共同投入教育教学活动，从而达到儿童主动参与、主动发展的境界。

（三）通过角色效应，强化主体意识

儿童应该是学习的主体。但在灌输式的教育中，学生很难形成主体意

识，这种缺乏主体意识的学习者，很难获得主动的发展。在整个教育教学过程中，要使儿童主动投入、主动参与活动，关键在于学习者主体意识的形成，即其学习态度、情感和意志的作用。而对小学生更多的是动机、情感的作用，因此，如何使教育教学活动成为儿童的主观需求，是情境教育需要着力的方面。

教育情境的拓展，儿童生活空间的各个区域的和谐气氛，使教育教学的各个组成要素相互推进、相互强化；师生间心理距离的缩短，教育教学内容的现实化、亲切感，都促使学生学习动机的形成。但要儿童持久地、主动地投入教育教学活动，则需要持续地强化动机，强化儿童的主体意识。为此，我们在已创设的特定情境中，让儿童担当角色、扮演角色。利用角色效应，使儿童由"被动角色"转化为"主动角色"。

通过角色活动产生"有我之境"的角色效应，很易于激起儿童对角色的喜爱，从而乐于担当角色、扮演角色。在此过程中，由于需要进行角色的转换，儿童的想象也随之展开。老师利用儿童进入角色后对角色的体会、对角色在情境中地位的理解，以及与其他角色的关系，进一步引导儿童体验角色的情感。在此过程中，儿童对角色的情感就很自然地移入所扮演的角色，自己仿佛变成了那个角色——"我与角色同一"，角色的喜怒哀乐就是自己真情实感的表露。在这种移情的作用下，儿童面对所处情境会情不自禁地按自己所扮演的角色的身份、处境思维，根据大家对角色的期待，合情合理地表现出一系列的行为和恰切的语言表述。角色变了，语言行为也随之变了。角色扮演的热烈的情绪渲染了整个学习情境，不仅是角色扮演者，全体学生都在无意识作用下不知不觉地进入了角色。"观众"的一切活动也在热烈的氛围的作用下，凭借想象同步进行。此时，儿童的整个身心都投入教育教学活动中了，他们成了真正的主角。这正是在情境的作用下，儿童思维、创造的结果。其过程可概括为"进入情境—担当角色—理解角色—体验角色—表现角色—自己与角色同一、浑然一体"。此时，学生在教学过程中就由习惯上的等待接纳的"被动角色"转变为"主动角色"。既然他们成为主动角色，也就产生了主动投入、主动参与教学过程的推动"力"。儿童作为教育教学活动主体的意识，就在这"力"的推动下逐步形成，逐步得到强化。

根据教育教学活动进展的需要，我们让学生扮演的角色除教材中的角色外，还有三类，都是儿童喜爱的。

1. 担当向往的角色

向往，是顺应了儿童渴求的情感驱动。所以，对于担当向往的角色，儿童的情绪会特别热烈。我们常常根据课文内容和活动主题的需要，让儿童担当科学家、宇航员、作家、诗人、画家、记者、旅行家、解放军战士……让学生以一个特定的角色去学习教材内容。担当这些向往的角色，并不要什么道具，只是通过语言的支配，就能让儿童进入角色，产生一种特定的角色意识，一下子激起儿童热烈的情绪，把自己推上教育教学的主体位置。

2. 扮演童话角色

童话角色在拟人化的作用下，使那些普通的小动物和常见的物体、自然现象都富有人的情感，变得神奇而可爱。因此，童话角色对儿童特别富有吸引力。在情境教育中，我们让学生扮演童话角色，使教育教学内容与学生更为贴近。儿童在情感的驱动下，主动投入的那种"力"几乎是无法遏制的。教育变成了儿童自我要求、自我践行的多姿多彩的活动。让儿童扮演童话角色，为教育教学增添了活力。在儿童想象的作用下，这种象征性移情使角色笼罩了浓烈的童话色彩，儿童的情感活动一下子达到高潮，于是教学化"难"为"易"，变"单调"为"多彩"。

3.扮演现实生活中的角色

根据教育教学内容的需要，我们常常让学生连同老师扮演现实生活中的角色：农民伯伯、售货员阿姨、司机叔叔以及妈妈爸爸、爷爷奶奶……这些角色虽然在现实生活中就在儿童的身边，但是，由于儿童要从自己"本角色"到"他角色"进行转换，所以会感到既亲切又新鲜，情绪很兴奋。儿童仿佛进入了现实生活的情境，在这一情境中，通过角色的对白、角色的情感交流，教育教学内容变得更加现实、形象，由此可收到意想不到的效果。此外，为了体现所学知识、所悟道理的可操作性，我们常常创设某一职业范围的工作情境，让儿童担任职业工作人员进行应用性操作，使儿童"一看就懂"、"一做就明"、"一用就行"，并因此产生顿悟，求知欲得到满足。

总之，无论担当什么角色，都顺应了儿童情感活动和认知活动的规律，这里有审美的、道德的、艺术的，也有理智的、科学的，都由于角色的转换，因新异感激起热烈的情绪，让儿童作为一个活生生的人，在角色意识的驱动下，全力地投入，全面地活动起来，忘我地由"扮演角色"到"进入角色"，由教育教学的"被动角色"跃为"主动角色"。儿童的主体意识经过这样的培养，随着年级的升高，在理智感的主导下，以"小学生"的"本角色"也能形成主体意识，获得充分发展。

（四）注重应用操作，落实全面发展的教育目标

儿童通过情境教育形成学习动机，伴随着情感的驱动，主动地投入教育教学活动中。作为教育者，必须充分利用儿童已经激起的这种热烈的情绪，落实全面发展的教育目标，促使儿童获得尽可能大的发展。情境教育强调"着眼发展，着力基础"，"从未来出发，从现在做起"，进行有序的系统的应用操作。

基础教育为提高人才素质、促进全面发展打基础，这一育人、育智的过程，离不开学习者自己的实际操作。情境教育在注重"情感"的同时提倡"学以致用"，各科教学以训练学生能力为手段，贯穿实践性，把现在的学习和未来的应用联系起来，因此十分注重儿童的应用操作。我们充分利用情境教育特有的功能和已拓展的宽阔的教育空间，创设了既带有情感色彩，又富有实际价值的操作情境，为各种形式的操作提供了可能，让儿童在其中动脑、动手、动口。儿童的应用操作，根据教育教学内容的性质、特点，大致有下列三种。

1. 实体性现场操作

学校的教育教学活动，应尽可能与儿童生活沟通，与应用相联。在必要的条件具备时，让儿童进行现场实地操作，这对培养儿童的学习兴趣和实际能力很有意义。教育要面向现代化、面向世界、面向未来，再不能用分数把儿童拴在教室里，捆在作业本上，阻隔在学校的高墙之内。情境教育的现场实地操作，就是要打破"灌输式"教育的禁锢，让学生从小步入生活、面向社会，在实地操作中增长才干。

现场实地操作用得较为普遍的是数学。高年级学习统计，就让学生担任小小统计员，实地调查、收集数据，然后自行设计、自行制作统计图表。这样，那些直线的、折线的、条形的、扇形的单式、复式图表很快就被他们掌握了。通过实地操作，儿童不仅掌握了制作统计图表的实用价值，还有效地锻炼了用数字反映社会生活的应用能力。

思想品德课也常把学生获得的道德认识，引导到现实生活的场景中。如组织学生到幼儿园去"争当好哥哥好姐姐"，到残疾人上下班的地方"向残疾人伸过友爱的手"，在家里"我当妈妈的好助手"等，促进儿童将道德认识转变为行为方式。另外，对于儿童在语文教学和音、体、美教学中掌握的技能技巧，也要有意识地组织他们在课外活动、社会生活的相关情境中去表现。所有这些都是十分生动、切实可行的综合性现场操作。这里有知识向能力的转换，有认识向践行的飞跃，有思想感情的倾注，也有认识兴趣的培养。

2. 模拟性相似操作

实体性现场操作效果之佳显而易见，但由于教学内容的局限性，不能在现实生活中一一找到操作的情境。因此，模拟性相似操作更有普遍意义。所谓"模拟"，是创设一种与现实生活相似的情境，其中亦包含儿童的模仿。由于在模拟操作中，有角色的模拟，有空间转换的模拟，有行为仿照的模拟，还有实物替代的模拟，儿童既感亲切又乐于接受；且又因为儿童通过自己动手、动脑，极易产生顿悟；还会因为模拟性操作的新异感，驱使儿童的心理、思维方式、情感倾向都不是按习以为常的小学生角色进行，所以，模拟操作特别能吸引儿童。例如，学完了《小蝌蚪找妈妈》，根据课文要求，要从童话里抽出常识知识，让儿童简要复述青蛙的成长过程。对这样的操作形式，学生若将其作为一种学习任务去完成就很难激起情绪。我们便采用了模拟操作，利用新课中的图画模拟"展览会"，让学生做小讲解员，来介绍"小蝌蚪→青蛙"的成长过程。这种转换场景、扮演角色与陈述对象明确相结合的模拟操作，就使学生们进入了特定的模拟情境。另外，还针对培养学生良好习惯中的一些关键问题，开展各种模拟性操作活动。在特定的情境中进行操作，将儿童的行为规范、操作标准和实际行为相结合，会使儿童印象深刻，利于"导行"。多次反复再现，则可帮助儿童形成良好的行为习惯，大大提高了养成教育的效果。

3. 符号性趣味操作

初等教育让儿童掌握的基础知识，主要是通过符号性操作去教授的，如汉语拼音、语言文字、数、公式、定律、音符乐曲等都是儿童应该掌握的符号。但由于符号性操作的抽象性，给儿童操作带来难度且不易引起儿童的兴趣。情境教育则通过情绪的作用，为符号性操作添"趣"，以"趣"为形式、以"符号操作"为实质进行的符号性趣味操作，可贯穿在教学过程中进行，亦可在巩固阶段完成。老师根据教学需要确定设计符号性操作的内容，然后选取儿童喜闻乐见的形式进行设计。上面提及的角色扮演、模拟操作等很多也是为进行符号性操作添趣，从而取得良好的效果。创设情境并不是目的，它忠实地为教育教学目的服务。情境创设后，绝不可虚设，老师应凭借情境进行一系列的符号性操作训练。例如，在语文教学中让学生在身临其境的深切感受下轻读、听读、分角色读、默读，有效地通过文字符号的操作训练，提高儿童读的能力。而写的训练，更是凭借情境进行，达到"情动而辞发"的境界。我们所设计的观察日记、情境作文、童话创作都是在情境中进行写的训练。数学则利用情境的情节开展角色的趣味计算、野外活动中的现场编题和计算或动物演算竞赛、小博士答难题竞赛等，使儿童在热烈的情绪中进行符号性操作。

除此之外，情境教育所渲染的氛围，那种孩子们之间争先恐后、跃跃欲试地参与的热情，都应该用来落实符号性操作。在符号性趣味操作中应注意"情绪性"、"整体性"、"应用性"和"连续性"。我们要做到"趣"为了"实"，从"实"中见"活"，使儿童的基础知识、学科的特殊能力及思维、想象、情感都得到和谐的发展。

儿童蕴藏着无限的潜能，具有极大的可塑性。情境教育正是把握了马克思主义关于人在主体与环境相统一的活动中得到全面发展的基本理论，为儿童提供一个宽阔而又贴近生活的最适宜的成长环境。要以拓宽教育空间、缩短心理距离，促进他们以最佳的情绪状态，带着与日俱增的主体意识，投入教育教学过程中，使自身的潜能得到尽可能大的发展，让智能、创造性、高级情感诸方面获得充分发展的一代新人，去建造伟大祖国绚丽夺目的未来世界。

（本文为"纪念邓小平'三个面向'题词十周年"会议发言稿，原载《教育研究》1994 年第 1 期，后于 1994 年 8 月获中国教育学会优秀论文一等奖）

为全面提高儿童素质探索一条有效途径

——从情境教学到情境教育的探索与思考（上）

自 1978 年起我怀着对教育的赤诚，为促进儿童素质全面提高寻求一条有效途径，进行了从情境教学到情境教育的研究。

上篇：情境教学

一、探索过程

作为情境教学的探索者，对它的认识是在实践的基础上逐步加深的，实验由局部到整体，认识也由感性逐渐上升到理性。情境教学的探索过程大致经历了下列四个阶段。

（一）创设情境，进行片断语言训练

为了使学生的潜在智能得到早期开发，实验一开始我提出了"提早起步、提高起点"的观点，但是如何得以实现呢？在苦苦求索中，一个偶然的机会，我获得了外语运用情景进行语言训练大大提高了教学效果的信息。在查阅了有关资料后，我产生了一种设想：外语的情景教学是否可移植到我们中国汉语教学中来，使小学生学习汉语的语言文字不至于那么困难、枯燥、苦恼。于是，我开始了语文情境教学的实验。教学实验中出现的热烈的现实

场景，使我朦胧地意识到，以往我们的教育教学活动似乎过于理性，从而开始关注情感在儿童学习活动中的作用。

这一阶段的实验表明：在课堂教学中展现生活的情境，会使学生感到新奇有趣，学习情绪倍增；生活是语言的源泉，在生活的情境中学习记叙事物的字词句篇，具体、形象，易于理解，易于运用，效果显著。

（二）带入情境，提供作文题材

情境教学能真正走出自己的路，主要是从我国古代关于"意境"的理论中汲取了丰富营养的结果。刘勰在他的《文心雕龙》中提出"物色之动，心亦摇焉"、"情以物迁，辞以情发"等观点，说明客观外物会激起人的情感活动；情感活动又会触发语言表达的动机，提高运用语言的技巧。这使我逐渐悟出"物"激"情"、"情"发"辞"、"辞"促"思"的相互作用的联动关系。

由此，我萌生一个新的设想，即运用情境教学，为学生提供作文题材，突破语文教学的难点，为有效地提高儿童的写作能力开辟一条新的途径，真正地让儿童用自己的笔去表达自己的真情实感。这就使儿童在学习语言的初级阶段，让词语伴随着形象、带着情感色彩进入他们的意识。对情感在教学活动中的作用，已经从前一阶段朦胧的意识变得清晰起来，更加具体化。

这一阶段的实验表明：观察情境教作文，是提高学生作文水平的有效途径。观察情境把孩子带到了永不枯竭的活的源泉中。学生情绪热烈，带着情感色彩去观察、体验客观情境，在情感的驱动下，想象、思维积极展开，进而激起表达动机，且达到"不容自遏地说"的"情动而辞发"的境界。

回顾这一阶段的实验，正是借鉴了古代关于"意境"的理论，才使情境教学迈出了比外语情景教学更为大胆的、以我们民族的"情景交融"为主要特色的关键一步。

（三）运用情境，进行审美教育

在探索的第二阶段中，我直觉地感到儿童在观察、体验、想象情境的过程中，之所以能激起热烈的情绪，是由于情境具备美感的缘故。于是，新的设想又开始酝酿，即运用情境教学对学生进行审美教育，不仅发展儿童的一般情感，而且进一步培养儿童的高级情感。

这一阶段的实验表明：情境教学正是利用儿童的情感活动，加深了对课文语言及字里行间的情感的理解，并通过一定的语言训练，引导儿童表达这种渗透着对客观世界的美的感受及情感体验。这就使单调而枯燥的对语言的理解和运用，成为儿童的审美活动。而在这感受美、鉴赏美、表达美的过程中，学生便受到了很好的审美情趣的熏陶与感染，他们的高级情感就在这点点滴滴中得到培养，并由此做出"美"与"丑"、"是"与"非"的判断，使理融入情。

（四）凭借情境，促进整体发展

"实践—认识—再实践—再认识"，当我回过头来看实验走过的路时，顿觉前三个阶段虽是每一个阶段探索一个具体的课题，但并非孤立单一进行的，而是相互联系、相互作用着的，情感则是贯穿于其中的一根纽带。每一过程中都包含着语文基础知识的教学、能力的培养、智力的发展以及情感意志的陶冶诸因素。我深切地感到，没有情感，儿童就不可能获得充分的、全面的发展。于是在实验进行了 4 年后，即在 1982 年，以马克思主义关于任何事物都是相互联系的哲学观点以及关于人的全面发展的哲学理论为基础，我提出了"凭借情境，促进整体发展"的课题，为第二轮的整体实验从理论与实践上打下了必要的基础。

回顾探索的四个历程，实验是从教育实践的实际出发，一步一步地提出问题，并从语言学、意境说、美学及哲学等方面得到及时的理论借鉴，集诸家论述，对情感的认识一步步加深、一步步具体和系统化。从"情"与"境"、"情"与"辞"、"情"与"理"、"情"与"全面发展"的辩证关系，加上自己二十多年的积累，方探索出情境教学——创设典型场景，激起儿童热烈的情绪，把情感活动和认知活动结合起来的一种教学模式。

二、情境教学操作体系

在探索过程中，筛选出行之有效的做法，进行概括、构筑，形成了以"美"为突破口、以"情"为纽带、以"思"为核心、以"练"为手段、以"周围世界"为源泉的情境教学操作模式。

（一）优化结构

1.低年级三线同时起步

学龄初期的儿童，怀着极大的兴趣与强烈的求知欲跨入学校的大门。但是一般班级，前8周每日必修的两堂语文课，仅仅是单调的汉语拼音字母的教学。整整两个月，对刚刚入学儿童来说，该是何等漫长！如此单一的内容，慢悠悠的教学进程，微小的信息量，造成整个启蒙教育的单调。儿童原先在学龄前期已孕育的求知欲、主动性，便在这单调枯燥的启蒙教育的最初阶段被挫伤了。

结构决定功能。单一的结构，必然导致功效的低微。于是，我从改革教学结构着手，首先在幼儿园提前教学汉语拼音，使幼儿掌握识字拐杖。这样儿童入小学后便可识字，亦可阅读、作文，三者同时起步，充分利用语文教学内容三要素之间的相互作用，得到协同发展，形成多向结构、螺旋式上升的序列。结构由单向到多向，其功效势必明显提高，获得大于部分相加之和的整体效应。

信息量加大，但课时并未增加。11课时分设三种课型（当时按实验五年制教学大纲规定课时划分）：①课文课，7课时，掌握部编小学语文教材从独体字到合体字，从学词、学句到学课文的序列，扎扎实实地打好识字的基础，结合独体字，认真教好笔画笔顺，让学生掌握间架结构，认识64个偏旁部首，掌握好识字的部件，培养识字的能力；②注音阅读课，3课时，使用自编的汉字注音的补充阅读教材，凭借儿童已掌握的拐杖提前阅读；③观察说话课，1课时。

如此优化的结构，不仅使儿童能够多识字、多阅读、多运用语言表达，而且储存了周围世界的表象，为中高年级学好语文以及其他各科，连同发展思维，打下了重要的基础。

2. "四结合"大单元教学

对于教材编排的结构，我们很习惯于"部分法"，以"一篇课文"＋"一篇课文"，累计三四十篇即是一册课本。这种忽略教材整体效应的编排体系，在一定程度上造成小学语文教学"读得少，写得少，耗时多，效率低"的弊端。针对我们的小学语文教材明显存在着"量少、难度低、名篇所占比例少"的"两少一低"的缺陷，实验班在不增加儿童负担的前提下，实行"四结合"大单元教学，从优化结构的角度着手把数量提上去，适当加大难度，提高名家名篇比例，让学生能从一定的"量"中读出"质"来。由于同类题材的课文组合，学生可以一篇又一篇地集中感受人物精神的高尚、心灵的美好、景物的和谐、美感的丰富，以及其中含蕴着的自然美、社会美、艺术美等。因单元组合集中教学而形成教育的较强力度，从根本上促进了"文"与"道"的结合，增强了语文的教育性。根据每个单元的中心，我们把课堂教学与课外活动结合，这样不仅深化了教育效果，而且丰富了儿童的写作题材，又及时引导儿童把生活感受表达出来。这样单元中学得的词句篇章，由于题材相近、相似，儿童易于触类旁通。这就把"读与写"、"文与道"、"课内与课外"、"语言训练与思维发展"等构成语文教学的诸多因子，组成一个相互联系、相互作用的整体，即"四结合"大单元教学。

3. 自编补充教材，为优化结构提供凭借

为弥补 20 世纪 70 年代末、80 年代初小学语文教材"量少、难度低、名篇所占比例少"的缺陷，笔者随着实验班学生的升级，逐一编写补充阅读教材，前后共编一套 10 册，共 68 万字（现已公开发行）。对入选的教材，要求有利于儿童道德观念和审美情感的发展，有利于儿童创造性思维的发展，有利于促进儿童对科学的热爱，强化儿童的求知欲。入选的作品语言规范，文字优美，力求完美艺术形式和健康的内容的有机统一，使学生可读、要读、爱读。教育教学的重点在教材中反复、逐步加深，其中还编入了中外名家的作品，加上 100 首出自古代名家之手的脍炙人口的古诗，使名家名篇占教材总量的 40%。儿童在阅读起步阶段，就能读到他们可理解接受的优秀作品，无疑是受益匪浅的。

针对当代社会信息量不断加大、应用性语言得到普遍使用的趋势，补充阅读教材还选入了知识性强的说明文，以培养儿童阅读应用性文字的能力和阅读科普作品的兴趣，激起儿童对科学的热爱，从而促使他们渐渐步入科学的大门。补充阅读教材丰富的美感、宽阔的想象空间和对理科的早期渗透，有效地培养了儿童的阅读兴趣、审美情感及探索精神，促进了儿童的早期发展。

我们采取"多读、少讲、精练"的办法，加快教学速度，使学生在 5 年内不仅读完 10 册部编教材，而且多读补充教材中的 100 篇好文章，极大地增加了信息量，丰富了儿童的语言，为儿童阅读数学等其他教材，理解应用题，自编应用题，较早地提供了工具，有效地促进了儿童的整体和谐发展。

（二）优化途径

小学语文课本虽然以语言文字为中介，但是课文本身多为文学作品。文学与艺术有着很深的渊源。艺术的魅力是惊人的，那是因为艺术让人看到了"形"，体验到了"情"，享受到了"美"。小学语文教材每一篇课文几乎都向儿童展示了生活中的美，有形亦有情。这表明教育与艺术虽是两个不同的范畴，然而都是相通的。教育应该探索艺术，将艺术引进教育，使教育像艺术那样吸引着儿童，成为儿童主动地、乐于参与的活动。因此，让艺术走进课堂，走进语文教学，应在情理之中。于是，我借助图画、音乐、戏剧这些艺术形式创设情境。

图画普遍受到孩子的欢迎。这是因为画面是形象的，儿童正是通过形象去认识世界。小学语文课本中的课文描写了许多动人的画面，闪现在字里行间。用图画再现课文描写的情境，课文形象一下子就鲜明起来。

音乐是一种抒情功能极强的艺术形式，很易于激起儿童情感上的共鸣。音乐用它特有的感人的语言，展现鲜明的形象，渲染广远的意境，因而更易于激起学生与课文相似的想象和联想，以致心驰神往。这种热烈而微妙的教学效果，不是其他手段可以替代的。把音乐与课本文学两者结合起来，作用于学生的听觉和视觉，会起到相互渗透、相互补充、相互强化的作用。

儿童喜欢表演，也喜欢看别人表演。那富有情趣的角色形象，特别接近儿童生活的戏剧形式，不仅能唤起他们的新异感、好奇心，使他们激动不已，而且能产生巨大的角色效应。根据课文需要，让学生担当童话角色、向往的角色，或是现实生活中的角色，在这样的情境中，儿童对教材中角色的语言、行为动作以及思想情感都有很真切的理解。儿童的语言表达能力、表现能力，也得到了有效的训练。

除借助图画、音乐、戏剧这些艺术的手段创设途径，根据作文教学及一些说明文教学的需要，往往还需要以生活来展现情境，以实物来演示情境。

值得一提的是电教媒体更是丰富多彩，给学生一种新异、真切的感觉，而且又呈现于连续的动态中，非常能吸引学生的注意。随着办学条件的改善，电教画面已经成为创设情境途径之一，而且展示出美好的前景。

根据课文创设情境的需要，可以是图画与音乐同步，可以是图画为角色表演做背景，可以是扮演角色演示实物，也可以是音乐、图画、表演融为一体……不管优选哪一种或哪几种途径，在情境教学中，这些直观手段必须与语言描绘相结合。这对学生的认知活动起着一定的指向性作用，同时，教师的语言往往又强化了情境，传递着自己的情感，渲染了情境的氛围，使情境展示的形象更加鲜明，并笼罩着情感的色彩。它作用于儿童的感官，激起儿童的情绪，使其主动地进入情境，产生情感的体验。

（三）优化过程

儿童的发展是过程化的。从学科来说，它们是在教学过程的连续推进中，促进儿童发展的。因此，情境教学十分注意过程的优化。它分别体现在组成语文教学的三大因子——识字、阅读、作文的教学过程中。

1. 识字教学

（1）利用汉字造字原理创设情境，使独体字形象化。

汉字是从象形文字演变而来的。儿童识字是从认识独体字开始的，情境教学便根据汉字造字原理创设情境，使抽象的汉字符号形象化，把对字形与字义的感知结合在一起。

（2）利用汉字结构创设情境，认识形声字的构字特点。

儿童在认识一定数量的独体字后，也就掌握了相应的偏旁部首，便开始了对形声字的学习。形声字是汉字的主体，根据形旁表意、声旁表音的构字法则创设情境，突出形旁，学生对形声字的特点就有了具体的认识，记忆牢固，不易混淆。

（3）凭借情境丰富词汇，在整体中认读运用。

在情境教学中，在教给儿童识字的同时，十分注意词的教学。凭借情境进行语言训练，这样，一个字，学生不仅会识、会写，也会用。学生通过识字、学习词语、学习说话，达到识字教学及促进语言发展的目的。

（4）利用汉字的同音、形近，高年级进行阅读前的归类识字。

学生升到高年级后，课文中的识字量相对减少，且学生本身具有一定的识字能力，对事物表象的积累增多。因此，高年级采取阅读前归类识字，"以熟带生"，利用迁移，不仅识得快、记得牢，而且保证了阅读教学过程的连贯性。

2. 阅读教学

阅读，是一种多种因素组成的复杂的心理活动。情境的创设、优化，是贯穿在整个阅读教学过程中的。

（1）初读——创设情境抓全篇，重在激发动机。

初读，是儿童第一次感知教材。在教学一篇课文的起始阶段，教师要根据教材特点，或通过语言描述情境，或创设问题情境，或描绘画面，或揭示实物，或联系儿童的已有经验，或补充介绍与教材内容有关的背景、人物来导入新课，激起儿童阅读全篇的兴趣，使儿童主动地去读全篇。

（2）细读——强化情境，理解关键词句段。

课文重点部分的关键词句段，是最能本质地、集中地表现全文内容的，重点段的词句往往牵动全篇。情境教学通过带入教材本身描绘的具体情境，并结合使用点拨、设疑、对比等方法，引导学生去理解关键词句。一旦学生进入了作者描写的那个情境，就可以从整体上、从内在的相互联系上去理解作者用来表达这一情境的语言文字，即形成"作者运用语言文字——表达胸中之境，小读者进入作品之境——理解语言文字"的阅读程序。其过程为：①强化感知，充分利用情绪，加强内心体验；②提供想象契机，展开联想与想象，丰富课文内容；③设计训练，语言与思维积极活动，在运用中加深理解。

（3）精读——凭借情境品尝语感，欣赏课文精华。

精读，是体会教材思想感情、提高文字表达能力的重要环节，也是提高阅读能力、鉴赏水平的有效步骤。在实验班引导学生精读时，教师十分注重对教材语言的形象、节奏、气氛以及感情色彩的推敲、品味，凭借所创设的情境，抓住教材传神之笔，让学生体会语感，悟出文章中传神的字字语语。做法：一是比较，二是诵读。在比比读读中，体会到课文语言的啰唆与简洁、整齐与错乱、细腻与粗略、形象与干巴、具体与空洞、准确与牵强的差异，并加深了对词的形象及情感色彩的理解。

优化阅读教学过程，有效地达到"初读——读通，弄清作者思路"、"细读——读懂，理解关键词句段"、"精读——读深，学会欣赏课文精华"的教学目标。这是顺应儿童的学习生活以至将来他们工作中阅读的规律的。

3. 作文教学

儿童言语的表达，是以他们对世界的认识为基础的，并与思维、观察、情感的活动紧密联系在一起。因此，作文教学直接影响到儿童观察能力、思维能力的发展，以至情感的陶冶、思想观点的形成。作文教学在儿童全面发展中具有深刻的意义。情境教学顺应儿童运用语言的规律，采取下列步骤优化其过程。

（1）观察情境，提供源泉。

儿童作文离不开生活。世界对于儿童来说，是一个新奇的、富有魅力的天地。通过观察，周围世界中那些鲜明的形象、色彩；像一幅幅图画，会久远地保留在儿童的记忆里。"观察情境教作文"，是作文教学的有效方式。情境教学以"选取鲜明的感知目标，安排合理的观察程序，考虑好富有启发性的导语"安排儿童的观察，使儿童做到"多见而识之"，作文有感而发。

（2）进入情境，激发动机。

作文要求学生综合运用字词句篇去表情达意，具有一定创造性的作业，必须引导孩子主动参与。情境教学引导儿童从生活中、从周围世界中获得真切的感受，又由这种真切的感受激起儿童"内心的感兴"，在感兴之际，老师顺势引导，就形成表白的欲望。可谓"情以物兴"、"感物吟志"，进入"情动而辞发"的状态。事实上，每次上作文课，学生拿起笔写作文时，总是那样兴致勃勃。他们热烈的情绪使我想起赞科夫的一段话："只有在学生情绪高涨，不断要求向上，想把自己独有的想法表达出来的气氛下，才能产生出使儿童的作文丰富多彩的那些思想、感情和词语。"正是这种高涨的情绪和强烈的写作愿望，才促使学生写出一篇篇富有儿童情趣的作文。

（3）拓宽情境，打开思路。

语言的训练，也是思维的训练。以当代教育的培养目标来要求作文教学，更应该将训练学生的思维、发展他们的创造性列入教学要求。情境教学从"丰富情境"、"想象情境"、"文题范围的宽泛"、"材料安排的求异"、

"表达方式的多样"等方面打开学生的思路。情境教学给儿童宽阔的思维空间，为他们的习作提供了思想情感、用词造句、布局谋篇可以自由驰骋的天地。

（4）范文引路，教给方法。

叶圣陶先生说过，一篇教材就是一个例子。从一定的意义上来讲，教材是儿童学习写作的范文。充分发挥范文的作用，以范文引路，实行读写结合，乃是提高小学语文作文教学质量的重要原则。在运用情境教学的过程中，同样要遵循这个原则。为更好地发挥范文的示范作用，还对教材的增选编排以及使用都做了补充建设。"四结合"大单元教学、对教材的增选编排，在某种意义上就更集中地体现了"范文引路"、"读写结合"的原则，做到"读"中导"写"、"读"中学"写"。

（5）提早起步，螺旋上升。

为了不失时机地促进儿童的发展，实验班的语言训练提早起步，提高起点。从一年级起，在识字的同时进行大量的语言训练，以词句训练为主，同时开设口头作文课，包括简单的字词句篇的综合训练。从二年级起写观察日记到三年级写情境作文，有词句段的训练，也有布局谋篇的训练。这就克服了过去"字—词—句—段—篇"单一训练的弊病，从整体出发，各年级有所侧重。螺旋上升的序列，有效地促进了儿童语言的发展。

实验班摒弃舍本逐末的习惯做法，不做重复性抄写生字词工作，不设所谓"练习册"、"语文笔记"，不做那些流行的名目繁多的单项的"题海训练"。因为这些训练耗时多、效率低，而且对儿童心理品质发展不能产生促进作用。因此，为了把儿童从课业重压下解放出来，我们把有限的时间用在短小的整体性表达训练上，将训练语言与发展思维结合起来，按照"从模仿开始，增加创造成分，培养独立性"的程序，从写"一句话"开始，以观察日记打下认识与表达的基础，将情境作文作为训练的主要方式，辅以各种应用性语言训练，使儿童的词句基本功在入学头两年就打扎实。这样每日学写一点，一日不多，坚持数年就很可观，实现作文提早起步。五年来，实验班学生共做整体性书面表达练习（即写句、写段、写篇）超过 550 次，有效地培养了儿童写作的兴趣，提高了儿童写作的水平。

情境教学的实验，让儿童体验到了学习的快乐、成功的喜悦，使他们对学习、对未来充满信心，有效地培养了儿童的读写能力，并促使他们的心理品质协同发展。在南通市作文考试时，实验班 43 人中有 24 人获优等成绩，占 55.8%，相当于城区小学的 12 倍（实验班为五年制，城区小学为六年制），五年来合格率达 100%。

为了进一步考核实验班儿童的读写能力，在升学考试后不做复习准备的情况下，上级领导和有关部门组成命题考核小组，就默写、阅读、朗读、看图作文、提供情境编写童话、观察实验后写记叙文、实验报告、代人写留言条等 10 个项目，对全班儿童的语文能力进行全面考核。考核结果各项总平均成绩达优、良的，分别占全班总人数的 51.1%、32.5%，优良率达到83.6%。

三、情境教学理论框架

在整个情境教学的实验与研究中，我作为一个实际工作者，主要在实践中研究，又在研究中进一步实践；边做边研究，边研究边做，到一个阶段，再努力上升到理论上加以概括。就这样，从朦胧到清晰，从局部到整体，从感性到理性，借鉴有关大脑两半球的理论、暗示原理、场论等心理科学以及儿童学习语言的规律的学说，构建了情境教学理论框架。在这里着重阐述"四特点"及"五要素"。

（一）情境教学的"四特点"

苏联教育家赞科夫认为，教学法一旦触及学生的情绪和意志领域，触及学生的精神需要，便能发挥其高度有效的作用。情境教学正是触及长期被忽略的儿童的情绪领域，形成了它独特的个性，即"形真"、"情切"、"意远"、"理寓其中"。

1. 形真

叶圣陶先生曾指出，"作者胸有境，入境始于亲"。只有感受真切，才能入境，把学生带入情境。课文中无论是久远年代的历史人物、异国他乡的角色，还是自然界的山山水水、森林草地，都一下子推到学生眼前；无论是那山谷间瀑布的轰响、大榕树下鸟的鸣叫，还是小茅屋里，月光下贝多芬为盲姑娘弹奏的《月光曲》，连同凡卡给爷爷写信时轻轻地哭泣，通过情境教学，学生也仿佛听到了……情境缩短了久远事物的时空距离，增强了形象的真实感，引起儿童对课文中的人物事件的关注，产生细致的情感体验，对课文语言的感受也随之敏锐起来。"形真"便是情境教学的第一特点。

所谓"形真"，主要是要求形象富有真切感，即神韵相似，能达到"可意会，可想见"就行。情境教学以"神似"显示"形真"，"形真"并不是实体的机械复制，或照相式的再造，而是以简化的形体、暗示的手法获得与实体在结构上对应的形象，从而给学生以真切之感。

2. 情切

儿童的情感是易于被激起的，一旦他们的认知活动能伴随着情感，教学就成为儿童主观所需，成为他们情感所驱动的主动发展的过程。情境教学正是抓住了促进儿童发展的动因——情感。在情境教学中，情感并不仅仅是手段；通过语文教学对学生进行情感教育，也是语文教学本身的任务。由此可见，情感既是手段，又是目的。

在这个过程中，教师的情感对于儿童来说，是导体，是火种，教师要善于将自己对教材的感受及情感体验传导给学生。这使我联想到郭沫若的《地球，我的母亲》。诗人在创作这首诗时，激动得脱下鞋，赤着双脚在大地上行走，恨不得要弯下腰亲吻大地。我们教师，虽不是诗人，也需进入课文描写的情境，以自己真切的情感激起儿童的情感，即所谓以情动情。情境教学情真意切，促使儿童的情感参与认知活动，充分地调动了儿童学习的主动性。"让情感进入课堂"这极高的境界，通过情境教学这一模式，便得到了实现。

3. 意远

"情境教学"取"情境"而不取"情景"，其原因就在于"情境"要具有一定的深度与广度。古人云："文之思也，其神远矣。"便道出了作者著文时，已置身于广远的意境之中。情境教学便是顺应作者的思路，体验作者情感的脉搏，创设有关情境，从而把学生带入作者创作时所处的情境之中，使创设的情境意境深远。

情境教学讲究"情绪"和"意象"。情境，总是作为一个整体，展现在儿童的眼前，造成"直接的印象"，激起儿童的情绪，又形成一种"需要的推动"，成为学生想象的契机。教师可凭借学生的想象活动，把教材内容与所展示的、所想象的生活情境联系起来，从而为学生拓宽了广远的意境，把学生带到课文描写的那个情境中。情境教学所展现的广远意境激起儿童的想象，而儿童的想象又丰富了课文情境。

4. 理寓其中

情境教学所创设的鲜明的形象，所伴随抒发的真挚的情感，以及所开拓的广远的意境，这三者融成一个整体，其命脉便是内涵的理念。情境教学的

"理寓其中"，正是从教材中心出发，由教材内容决定情境教学的形式。因此，教学过程中创设的一个又一个情境都是围绕着教材中心展现的。这样富有内涵的具有内在联系的情境，才是有意义的。

情境教学理寓其中的特点，决定了儿童获得的理念是伴随着形象与情感的，是有血有肉的。这不仅是感性的、对事物现象的认识，而且是对事物本质及其相互关系的认识。

情境教学形真、情切、意远、理寓其中的特点，正确体现了理性与感性、认识与情感的辩证关系。充分利用形象、情感激活右脑，提高儿童的悟性，协调大脑两半球的活动；情境广远的意境、蕴含的理念，又促进儿童在学习语言文字过程中的形象思维和抽象思维的相互补充、相互促进，进而带动儿童素质的全面发展。

（二）情境教学促进儿童发展的"五要素"

促进儿童的全面发展，是情境教学坚定不移的目标，而儿童发展是联动地、和谐地进行着的。因为任何儿童的发展都具有鲜明的整体性。面对儿童发展的客观实际，在实验班，我们把儿童发展的诸多因素统一在语文教学中，从整体出发，着眼发展。这就需要在教学全过程中，把握儿童发展诸要素在整体中所占的不同地位。下面就情境教学促进儿童发展的"五要素"，即其前提、基础、重点、动因、手段五个方面，阐述情境教学促进儿童发展的基本原则。

1. 以培养兴趣为前提，诱发主动性

教学过程，准确地说，应该是促进学生自我发展的变化过程。情境教学的目的，就是促进教学过程变成一种不断能引起学生极大兴趣的、向知识领域不断探索的活动。心理学家告诉我们，除无意、有意注意外，还有第三种

注意，即后继性有意注意，这种注意便是靠兴趣来维持的。情境教学借助新异的教学手段，创设生动有趣的情境，激起学生的学习情绪，使学生固有的好奇心、求知欲得以满足。在情境中，教师所表现出的鼓励和期待学生逾越学习障碍的情感，又进一步激发、强化了这种心理。因为好奇、求知的兴奋情绪使他们的注意力非常集中而且可以持续，但无须做意志的努力。所有这些都有利于学生主动性的调动。而且学习的主动性又必然会迁移到今后的生产劳动、科研工作中，形成可贵的工作主动性。可以说，情境教学将诱发主动性放在促进儿童发展的首位，正是因为人的主动性在养成教育中对克服怠惰、激扬奋发的良好的素质具有至关重要的意义。

2. 以指导观察为基础，强化感受性

半个多世纪以来，我国的语文教学习惯于"分析法"，使师生陷入烦琐哲学之中，导致了小学语文教学的形式主义。因此，情境教学提倡"强化感受，淡化分析"，把学生带入大自然的怀抱，去接触社会，认识周围世界；在课堂上再现富有美感的生活情境，引导儿童从感受美的乐趣中感知教材。所有这些观察活动都帮助学生积累了丰富的感知材料。情境教学一般优选具有深远意境的观察客体，又通过启发性导语激起观察者的情致。它利用大自然的色彩、丰姿、奥秘，拓宽想象空间，激起学生对它的神往；优选社会生活中光明美好的人物和景象，多角度地显示祖国、家乡的美好，社会主义的优越，培养学生对生活的热爱……总之，情境的美感激起了学生的情绪，情绪又激起了想象的展开，加上语言的表述，使学生的感受丰富而深刻，并且由于"情绪记忆"的形成，使所获表象带着情感色彩，久远地保持在学生的记忆中，成为学生发展的基础。

3. 以发展思维为重点，着眼创造性

情境教学以发展作为教学的目的。其"发展"的内涵，并不仅仅局限于智力的发展，而是以全面提高儿童素质为目标，包括知识、能力、智力以及情感、意志等心理品质的整体和谐发展，其重点为发展思维力，尤其是思维的创造性。

要提高人才的素质，必须提高人的悟性。古今中外，科学家、发明家、文学家、艺术家以及各行各业的能工巧匠，如果没有极高的悟性，则绝不可能有他们的辉煌成就。对于儿童来说，悟性是一种潜在的智慧。每一个大脑健全的孩子都蕴藏着丰富的，甚至无法估量的发展"资源"，那就是人的潜在智慧——"沉睡着"的力量。人的潜在智慧作为一种"可能能力"，有它的发展的最佳期。小学阶段是人的潜在智慧发展的最佳时期，儿童的可能能力如果不在这时发展、不被唤醒，就难以再发展了，最后便像灿烂的火花一样因得不到氧的供给而泯灭。小学语文作为"育人"工程的一个重要组成部分，便有了一项特殊的任务，那就是不失时机地在儿童学习和运用祖国语言文字的过程中，发展儿童的潜在智慧。因为小学语文内涵丰富，非常有利于儿童形象思维、抽象思维、创造性思维的发展。借助优化了的情境，学习可成为儿童的主观需求。在这样热烈的学习氛围中，他们积极、主动思考，从而迸发出一个又一个令人欣喜的智慧的火花，并燃烧、升腾，从而产生逾越障碍的力量；而越过了障碍，便会获得成功的快乐。由此看来，儿童的情感参与了认知活动，"用情感伴随理性"，二者交织起来和谐进行。这种最佳的心理驱动，正是挖掘儿童潜在能力的重要通道。

在实验班，促进儿童思维发展的基本途径，是把训练语言与发展智力结合起来。即在字词句篇教学中，发展儿童思维的诸品质，在培养听说读写能力的过程中，发展儿童的认识能力。具体而言，就是在词的理解和运用中，发展思维的准确性；引导运用修辞手法，丰富思维的形象性；加强篇章训练，发展思维的逻辑性；在想象性作业中，发展思维的创造性。

4. 以陶冶情感为动因，渗透教育性

我们的小学语文教材都是有情之物。可以说"情"是文的命脉，即所谓"情者文之经"。教文，也要教做人，这是语文教师神圣的使命。那种离开课文空谈感想，作文教学中程式化、概念化的做法，由于缺乏情感因素而不能激起儿童的内心体验，致使语文教学中的思想教育收效甚微。儿童的道德行为都以道德情感为先驱。情境教学正是以激发学生情感为主要特点的。一方面，让学生从感受形象出发，教师以真实情感激发学生的审美情感及道德情感，引导学生在初读课文、激发动机中"入情"，在感受课文描写的形象中"动情"，在领悟课文语言的神韵中"移情"，在表情朗读、语言训练中"抒情"。在整个教学过程中，以情感为动因，以爱国主义教育为起点，以审美教育为手段，通过感受"美"去激发"爱"，以教材语言作为工具，采取"滴水穿石"的办法，把语文教学的教育性渗透其中，从而促使正确的道德观念逐渐形成，达到思想教育的目的。另一方面，这种热烈的情绪及丰富的美感、高尚的道德感，又必然会成为学习的动机。这样，学生在美感中感受到愉快，在道德感中感受到高尚，在学习中体验到自己的智慧，享受到创造的愉快。

5. 以训练语言为手段，贯穿实践性

上述所论及的语文教学中培养兴趣、指导观察、发展思维、陶冶情感四者并不是外加的，而是贯穿在学生语言的实践过程中的。这样才是语文教学中的"发展"，是"着眼发展"的语文教学。儿童的语言能力和智力，像其他能力一样，只有通过逐步训练才能形成。叶圣陶先生指出："学生须能读书，须能作文，故特设语文课训练之。"显然，语文课就是要讲究训练，加强学生的语言实践，并将其贯穿于整个语文教学过程中。情境教学强调基础，注重训练：①突出以词句为主的基础训练；②加强以应用为目的的整体训练；

③结合以感知为媒体的思维训练。"训练"贯穿在整个教学过程中，"训练"成为小学语文教学的主线。实验班讲究通过语言的训练来发展思维，或通过思维的发展来提高语言能力，做到以"活"促"实"，"实"中见"活"。可以说，这是整个训练的一个原则问题。

为促进儿童获得尽可能大的发展，实现全面提高素质的教育目标，情境教学明确提出了以培养兴趣为前提，诱发主动性；以指导观察为基础，强化感受性；以发展思维为重点，着眼创造性；以陶冶情感为动因，渗透教育性；以训练语言为手段，贯穿实践性，从各个不同侧面构建了情境教学的理论框架。

可以想见，儿童在理解和运用语言文字的过程中，培养出学习的主动性，对周围世界的感受得到强化并做了认识和情感的铺垫，潜在的智能得到较早的开发，且在其中受到道德情感、审美情感的陶冶，领悟到做人的道理。如此让儿童从小乐学、多识、善思、求美，这正是良好而可贵的人才素质，也是我们教育工作追求的一种理想境界！

（原载《教育研究》1997 年第 3 期）

为全面提高儿童素质探索一条有效途径
——从情境教学到情境教育的探索与思考（下）

下篇：情境教育

一、情境教学向情境教育的拓展

由情境教学概括出的促进儿童发展的"五要素"，符合儿童心理特点及发展规律，具有普遍意义，推动了学校的整体改革。于是在第一轮实验结束后，我就提出"情境教学向整体优化发展"的设想，确定了"优化情境，促进整体发展"的总课题。我自己与一年级7个班的年轻教师一起投入了整体改革的实验中。实验班运用情境教学，以"美"为突破口，以"情"为纽带，以"思"为核心，以"练"为手段，以"周围世界"为源泉，使各科任课教师有了统一的教育思想，加上"四结合"大单元教学的实施，推进了情境教学由单科向多科、从课堂教学向课外活动延伸，及向整个小学教育拓展，情境教育实验由此迈出了可喜的一步。

二、情境教育的基本原理

情境教育是依据马克思关于人的活动与环境相一致的哲学原理构建的。"情境教育"之"情境"实质上是人为优化了的环境，是促使儿童能动地活动于其中的环境。这种根据教育目标优化的环境，这种充满美感和智慧的环境氛围，因与儿童的情感、心理会发生共鸣而相契合，促使儿童在现实环境与活动的交互作用的统一和谐中获得全面发展。因为这种人为优化的情境可以做到主体的能动活动与现实环境优化的统一，激发儿童潜能与培养塑造的统一，最终达到素质的全面提高与个性充分发展的统一。

情境教育不仅从哲学上找到依据，而且还从科学上借鉴现代心理学研究成果，使其构成情境教育的基本原理。

（一）情感驱动原理

情境教育利用移情作用，形成身临其境的主观感受，且在加深情感体验中陶冶情操。儿童是最富有情感的，真情总是激荡在儿童纯真的心灵间。在客观环境的作用下，儿童很易于将自己的情感移入所感知的对象。情境教育正是利用儿童心灵上这最可宝贵的特点，最大限度地发挥了情感的纽带作用和驱动作用。

情境教育所创设的情境，首先注意渲染具有一定力度的氛围，使儿童对客观情境获得具体的感受，从而激起了相应的情感。在此过程中，儿童从关注、产生对教育教学内容的积极的态度倾向，到激起热烈的情绪投入教学活动；然后，自己的情感不由自主地移入教学情境的相关对象上；随着情境的延续，儿童的情感逐步加深，最终由于弥散渗透到儿童内心世界的各个方面，作为相对稳定的情感态度、价值取向逐步融入儿童的个性之中。经历了"关注—激起—移入—加深—弥散"的情绪发展过程，儿童对教学内容所持的态度就更为明确，这种情感态度在情境"含蕴理念"的主导下，包含了对美与丑的判断、是与非的分辨。这种情感活动与认知活动的结合过程，在不同学科、不同年级延续、反复、发展，对儿童的心灵必然产生潜移默化的作用。儿童的审美情感、道德情感和理智情感，受到了很好的陶冶；而儿童高级情感的发展是提高人才素养的重要基础，情感陶冶既成为促进儿童发展的有效手段，又可达到培养儿童高级情感的最终目的。

（二）暗示倾向原理

一般认为，教育教学活动是具有鲜明目的的行为活动。因而多少年来，学校老师习惯于把教育教学的信息、意图直接地灌注给学生，师生都处于一种纯理性的有意识状态中。学习很难成为儿童的主观需求，被动接受是必然的结果。既然是被动，就势必阻碍儿童潜在能力的充分发展。

情境教学正是针对这种灌注式教学"直接传递"的弊端，通过优化环境予以改善。我们根据教育教学的远期目标或近期目标，针对儿童特点，运用图画、音乐、表演等艺术的直观或现实生活的典型场景，直接诉诸儿童的感官。艺术手段的力度、优选的现实生活场景的美感，正符合他们的兴趣和需求，且与他们的思维、想象能力相协调。儿童进入这样的情境，很快就会被激起强烈的情绪，形成无意识的心理倾向，情不自禁地投入到学习活动之中。这种不显露目的，用创设情境、优化情境的间接方式对儿童的心理及行为产生影响，从而一步步达到既定的教育目标的过程，就是暗示的作用。情境教育形真、情切、意远、理寓其中的特点，无不显示了情境教育特定的环境会对儿童心理倾向发生作用。按照洛扎诺夫的理论——"凡是影响心理的都是暗示"，而每个儿童身上天然存在着接受暗示的能力，因为"这是人类个体之中一种普遍的品质"。由于它，人和环境间的无意识关系才发生作用。这种主客观的一致性，表明情境教育运用暗示倾向原理进行教育教学活动的可行性和普遍性。

暗示的效果就是氛围的作用。我们把跨度广的教育教学的空间，用各种暗示手段联动起来。也就是说，情境教育正是利用暗示倾向，通过周围环境与儿童心理产生共鸣的过程，迅速推进教育教学活动的过程。我们将"用无意识导引有意识"、"用情感伴随理性"二者交织起来和谐进行。这种最佳的心理驱动正是挖掘人类潜在能力的重要通道。情境教育利用暗示倾向，其最终目的就是使儿童的潜在能力得到充分的发展。

（三）角色转换原理

多少年来，学校教育习惯于把学生看作接纳的对象，学生的主要任务是"静心"听讲，思维活动无形中养成一种依赖和定式，学生成了单纯吸收的被动角色。学校教育远离社会生活，舍弃学生原有的经验，将教师的主导作用过度夸大、强化，形成了一个教师掌握，甚至是牵制的一个划一的集体，排斥或者忽略了学生的活动。在这样的集体中，学生不可能成为主体。

情境教育则与儿童生活相联、相通，使学校呈现出贴近儿童的生气勃勃的生活场景。

经过优化的教育教学的特定情境中，蕴含着教育者意图；结合教材特点所设计的角色，体现了主客体的统一。它既引发儿童再现教材角色或相关角色的活动，又引发儿童进入角色、体验角色、评价角色的心理历程。新的教育教学内容设置了儿童曾经历的熟悉的背景，这种"有我之境"可产生一种巨大的、无形的导引效应。儿童随着角色扮演的进行，顿时产生进入角色的知觉，凭借这种如临其境的知觉，会很快地理解角色在情境中的地位、与其他角色的关系，设身处地地体验角色的情感。儿童的经验在情境教育中被充分地利用并延续，同时变得日益丰富起来。在此情此境中，儿童的身心就很自然地移入所扮演、担当的角色。于是，自己仿佛变成了那个角色——"我与角色同一"，角色的喜怒哀乐仿佛是自己真情实感的表露。由于角色的转换，儿童面对所处情境会情不自禁地按自己所扮演角色的身份、处境思维，根据教材与同伴对角色的期待，合情合理地表现出一系列的行为和恰切的语言表述。角色变了，语言行为也随之变了。角色扮演的热烈的情绪渲染了整个学习情境，不仅是角色扮演者，全体学生都在无意识作用下不知不觉地进入了角色，最深切、最生动地经历了角色的心理活动过程。总之，整个教育教学活动随着角色的活动、熟知的背景一下子进入沸腾状态。儿童情绪热烈，使自己全身心地投入教育教学活动中去，成了真正的主角。教材中原有的逻辑的、抽象的、符号化了的内容，一下子变得那样生动、形象、真切。这正是在情境的作用下角色转换所产生的积极结果。其过程可概括为"进入情境—担当角色—理解角色—体验角色—表现角色—自己与角色同一，产生顿悟"。通过角色转换，学生就由教学过程中等待接纳的"被动角色"，转变为"主动角色"。既然成为主动角色，也就会主动投入、主动参与教学教育过程。儿童作为教育教学活动的主体的意识，就在其间逐步形成，逐步得到强化。

（四）心理场整合原理

情境教育利用心理场，形成推进教育教学活动的正诱发力，在顿悟中改变认知结构乃至心理结构。情境教育始终把教育与儿童的发展统一起来，"着眼发展，着力基础"是情境教育的思想。儿童的发展是建立在一定知识的基础上的。要打好基础，而又不增加过重的负担，关键是学生能够对自己的学习、自己的行为做主。这就需要有一种"力"的推进。根据心理场理论，儿童生活的空间，无不对他们的心理发生作用。任何一个人不可能超越这个空间。即使是一个旅行者漂泊到孤岛，那天涯海角就是他赖以生存的生活空间。无边的海、孤零零的岛，似乎空荡无物，也无不对他的心理发生作用。因此，可以说一个人（包括儿童）连同他的心理环境，是同时出现在他的生活空间中的。当儿童对周围环境有所觉察、感受时，他不可能若无其事、漫不经心，而会调动、激活他的思维、想象和情感体验。人为创设的教育情境、人际情境、活动情境、校园情境都是渗透着教育者意图的，它们使儿童的生活空间不再是一个自然状态下的生活空间，而是富有教育内涵、富有美感、充满智慧和儿童情趣的生活空间。这就是情境教育特意创设或者优化的情境。这样的情境与活动其间的儿童显然不是互不相干、各自孤立存在的关系，而是处于相互依存的变量的状态，是网络式的联动着、推进着的，就形成了一种向着教育教学目标整合的"力"。这便是正诱发力。在这种正诱发力的推动下，儿童主动投入教育教学活动的态度、情绪、语言和行为，使已创设的情境更为丰富，情境渲染的氛围更为浓烈。置身其中的教师也即时感受到教学成功的快乐，又以更饱满的热情投入教学活动。这样"情境—教师—学生"三者之间形成良性推进的、多向折射的心理场，从而得到优化整合，促使儿童情不自禁地用"心眼"去学习，教学便可进入一种沸腾的状态。这种热烈的情绪、真切的感受，促使儿童的顿悟加速产生，从而不断改变儿童的认知结构和心理结构，使不增加负担、不受强制而能自主学习、自我教育的理想境界得以实现。

此外，情境教育从四方面构成了基本模式："拓宽教育空间，追求教育的整体效益"，把狭小的课堂、校园通过教育的系列活动拓宽，让儿童在课堂、在校园感受到世界的广阔。"缩短心理距离，形成最佳的情绪状态"，将远距离陌生的教学内容、敬畏的教育者，借助于人际情境的亲和、相助，一下子拉到学生身边，让学生感到宽阔的世界仿佛就在眼前，甚至已涉足其中，从而为儿童提供一个既宽阔又贴近的最适宜的成长环境。"通过角色效应，强化主体意识"以及"注重应用操作，落实全面发展的教育目标"，使儿童成为真正的学习活动的主体，在优化的情境中操作、活动，让儿童潜在的智慧、能力等获得充分发展，为全面提高儿童素质探索出一条行之有效的途径来。(关于四大基本模式，已在前面《"情境教育"的探索与思考》一文中详细介绍，此处不再赘述)

从情境教学到情境教育的探索历程，至今已有 18 年了，我在各级领导及许多专家的支持与鼓励下，在学校领导及老师的支持与参与下，把实验坚持下来了。其中的艰辛，可想而知。我没有任何好高骛远的奢想，想在教育理论上做什么贡献，但是我总觉得从自己的起步到今天，是从坎坷的小路上深一脚浅一脚地走过来的。这表明实践工作者，只要虚心地拜理论工作者为师，坚持不懈地学习理论，脚踏实地、充满信心地坚持实践、探索，同样可以为中国的教育科学研究做点事情。教育科学实验就是要用最少的投入，让中国儿童受到尽可能好的教育，使他们各方面的素质从小就得到培养和提高，从而能在 21 世纪的国际国内大潮中出色地到达胜利的彼岸。因此，我们就应该有具有中国特色的、又富有时代气息的研究方法，使教育研究更具科学性、应用性、艺术性，并具有大众性，能引导千百万实际工作者充满信心地在科研的宽阔大路上迈步，从而使亿万少年儿童受到全面的素质教育，成为社会主义的一代新人。

(原载《教育研究》1997 年第 4 期，本文和上一篇于 1999 年 12 月
获 1997—1998 年度江苏省哲学社会科学优秀成果二等奖)

谈情境教育的课堂操作要义

【摘　要】在课堂教学中，情境教育通过艺术的直观与教师的语言描绘，连同教师的情感，创设一种美、智、趣的教学情境，并与亲、助、和的人际情境交融在一起，使儿童感到亲切、轻松、愉快，参与到教学过程中去，以至达到全身心地沉浸其中的境界。情境教育运用先进的教育理论，通过环境的作用，在课堂教学中激起儿童热烈的情绪，把儿童的认知活动与情感活动结合起来，有效地提高了基础教育的质量，促进了儿童个性的充分发展。

【关键词】情境教育；课堂；操作；个性发展；儿童活动

一、以"美"为突破口

各科教学都负有促进学生素质全面发展的任务。如何付诸实践，又从哪里入手呢？笔者认为，作为一名教师，必须在不同层面上为学生今天的需求、明天的发展着想。

其一，教育不仅为了学生能学习，还为了学生能主动地学习，并在主动学习中激起创新的欲望，迸发出创造的火花；其二，教育不仅为了学生文化知识的习得，还为了丰富学生的精神世界，并在学习文化知识的同时学会做人；其三，教育不仅为学生的明天做准备，还为了学生今天获得本该属于他们的最初的幸福人生，并在幸福的学习生活中获得更多的感悟，身心得到充分的发展。

试想，这三个层面，哪一层能丢弃"美"？缺乏美感的教学，会使课堂教学变成没有情趣的单纯的符号活动。我们的教育倘能让学生获得一种美的享受，这对其明天的发展必将产生深远的积极影响。因此，情境教育选择了以"美"为突破口。实验班的课堂教学充满着魅力，充满着师生间生命对话的勃勃生机，学生幼小的心灵得到润泽。实践与研究的事实表明：从"美"着手，体现教学的美感性，让儿童从小受到美感的陶冶及完美人格的培养，并激发创新的欲望、创新的精神，由此可走出一条实施素质教育的路来。

怎样以"美"为突破口呢？

1. 再现美的教学内容

我们每天所教的学科，本身都渗透着美，蕴含着美。小学语文教材中那些诗歌、散文、童话、寓言，连同那些常识性课文，都表现了美的人、美的事、美的景或美的理念。教学时，只有让儿童感受那形象的美、语言的美、行为的美，才能使他们从中领悟到杰出人物的人格力量、伟大精神，包括课文中描写的自然之美和艺术之美；只有让儿童充分感受其美，并为之感动，使之深深地烙印在幼小的心灵上，才能影响着他们人格的形成和潜在智慧的发展。而数学则以严谨、冷峻来表现其美。数学的公式表现了宇宙的秩序，数学的计算、图形则表现出简洁的美、逻辑的美、创造的美。数学教学若能再现其美，可以将数学推进一个崭新的，甚至是一个净化了的真理的境界。因此，小学数学教学应重演数学家和劳动大众创造、应用数学最初阶段的那个情境，再现其美，让孩子如临其境。类似的诸多案例表明：只要数学与生活沟通，强化儿童对数学的感受，再现数学的美是不难的，也是必要的。

2. 运用美的教学手段

教学手段实际上是一种媒介，通过它再现、强化、传递教学内容，实现教学目标。笔者曾经提出"让艺术走进课堂教学"的观点。笔者以为，图画是空间中沉静的美，音乐是时间中流动的美，而戏剧则是生活时空中动静结合的美。在课堂教学中，以"美"为突破口，正是可以通过图画、音乐、戏剧这些艺术的直观与教师的语言描绘相结合，来再现教材描写的、表现的、含蕴的美，让儿童经历作家创作时或编写者撰写教材时进入的那个情境和思维的轨迹。这样，教材所表现的、所阐述的、所涉及的相关情境，就通过图画中的色彩、线条、形象，音乐的节奏、旋律，表演中的角色、语言、情节等让学生充分地感受到。教学手段的美感作用于儿童的感知觉，必然丰富了儿童的表象，激活了儿童的思维、联想、想象、情感的活动。

3. 运用美的教学语言

教学语言对儿童的感知的活动、思维的活动、情感的活动都起着主导与调节支配的作用。儿童的心弦，往往是美的教学语言拨动的。在教学中具有美感的教学语言，往往再现了教材描写的情境：或是联系了儿童的生活经验，激发了他们的学习动机；或是利用儿童的联想、想象，把他们带入向往的境界；或是引导儿童对美的实质的理解、对教材语言美的鉴赏，连同对教材表现的"美"与"丑"的评判。也就是说，富有美感的教学语言，要么让学生感受到美，要么让学生联想到美，要么引导学生去追求美，要么启发学生领悟到美。

总之，美的教学手段和美的教学语言的运用，再现了美的教学内容，给学生带来审美愉悦，深深地吸引学生，激起他们的"情"与"智"。因为良好的感觉使脑的信息传递更加顺畅，从而有效地促进了知识的掌握、能力的形成以及健康的审美情境和道德情感的发展。

二、以"思"为核心

儿童的语言活动、认知活动，连同情感活动，无不受其思维活动的支配和调控。因此，情境教育从儿童发展的明天考虑今天的教学，在理论构建上，提出以"思"为核心，促进儿童素质的发展；主张教师的教学应始终以儿童的思维发展为核心，设计组织教学过程，努力把儿童教聪明，并且以"发展儿童的创新精神"作为不懈追求的境界。

1. 倾注期待，使儿童在最佳的心理状态下积极思维

儿童的思维活动往往受到外界环境的影响，在他们感到有心理负担、受到压抑时，便处于抑制状态。通过教师的热情期待和鼓励，在儿童的心理上，形成一种使自身潜在力量得到最大发展的倾向，这是一种促使儿童发展的了不起的力量。如果我们向一些上课不大发言的儿童调查原因，他们会委屈地告诉你："我怕说错了挨老师批评。"不少教师对学生的错答是不留情、不宽容的。这看上去是"严"，实际上它的负面效应是很大的——不少学生干脆呆坐着，不尝试，不探究，不问，也不答，思维的惰性就日渐形成。

情境教育实验班教师以"爱生乐教"为座右铭。教师在教学时，内心掩饰不住深情，通过眼神、笑容、爱抚，去激励、唤醒、鼓舞学生，殷切地期待学生，坚信学生一定会成功。因此在实验班，学生在课堂上积极思维，大胆提出问题，争先恐后地发表自己的意见。热烈的谈话和欢乐的笑声不时从教室传出。学生从教师的爱中获得信心，获得力量。这种信念往往转化成一种向着教学目标的积极驱动力，情不自禁地对储存在大脑里的信息、映象进行检索，并加以组合、叠加，思维活动进入最佳心理状态，最终迸发出智慧的火花。到此时，教师再给予热情的称赞，使学生体验到自信，感受动脑的快乐、创造的喜悦。在这经常的期盼、激励中，儿童的内心逐渐形成激发自我潜在智慧的心理倾向。

2. 启迪想象，在宽阔的思维空间中提高儿童的创造性

情境教育追求的不仅是在审美的乐趣中有情有境地感知教材，而且还要

在此过程中竭力发展学生的创造才能。素质教育特别强调创新精神的培养，其意义是十分深远的。创新精神的培养与儿童脑的开发有着密切的联系。情境教育强调对教材形象的感受，强调师生情感的交融，这"形"与"情"恰恰作用于脑，因此有效地激活脑，儿童幻想、联想、想象的翅膀会悄然张开。形象越鲜明丰富，脑越是兴奋；感受越是敏锐，形象思维活动也越是活跃。另外，情境教育同样注重符号操作等引起抽象逻辑思维的学习活动，这就很自然地促使大脑左右两半球协同作用，从而利用两半球协调的合作关系，最终发挥全脑功能。

几十年的教学实践使笔者一次又一次地被儿童的创造力所震惊，它给笔者很大的启示。儿童的创造活动是在无拘无束的环境中进行的，而教师的宽容、期待、激励，是儿童创造的至关重要的诱发因素，会给儿童带来敢于创造的勇气、乐于创造的热情、"我能创造"的自信以及创造成功的快乐。当然，儿时的创新并不意味着发明什么，而是重在激发创新的欲望，着力培养创新的意识、创造的精神。

3. 设计训练，将创新精神的培养落到实处

小学教育要为儿童打下知识与能力的基础，各个学科的训练是切不可忽略的。然而练什么、怎么练才能促进思维的发展，尤其是怎样有利于创新精神的培养，是大有讲究的。练要练得精当，只有精当，才能激起学生有效的思维活动。那些标准化、考试式的习惯训练，便是忽略了通过练习来促进思维发展的核心问题。儿童的思维总是从问题开始的。学生形成热烈的情绪，大脑的优势在兴奋中形成，这时，教师应充分利用学生的这种"兴奋"，让学生带着兴奋的情绪思考问题，这样学生往往会产生"超越障碍"的力量。无数事实表明：在优化的情境中，儿童潜在的创造性易于突出表现出来。教师要及时加以肯定、鼓励，使学生潜在的创新能力得到发展；要结合学科特

点对学生进行训练，变复现式的记忆为创造性的训练。

在语文教学中，情境教育主张结合词语的训练，培养思维的准确性；引导运用修辞手法，丰富思维的形象性；通过篇章的训练，发展思维的有序性；在综合性的语言训练中，培养思维的灵活性和广阔性；通过想象性作文，发展思维的创造性和求异性。

在数学教学中，主张结合计算的熟练运算，训练思维的敏捷性；结合几何形体的学习，发展思维的形象性；结合应用题的演算及自编，培养思维的创造性；结合公式定理的探究，培养思维的逻辑性。此外，还利用情境进行趣味计算、演算竞赛，小博士解难题、一题多解小比赛，以及模拟操作、现场实地操作、符号性趣味操作来发展学生的思维能力。情境教育主张让儿童的学习过程成为思维发展的过程，使其创造才能在宽阔的思维空间里获得充分的发展，并让儿童感受到动脑创造的快乐。

三、以"情"为纽带

我们根据教育教学的远期目标或近期目标，针对儿童的特点，运用图画、音乐、表演等艺术的直观，或运用现实生活的典型场景，直接诉诸儿童的感官。艺术手段的力量、优选的现实生活场景的美感，正符合儿童的兴趣和需求，且与他们的思维、想象能力相协调。这些虽不在儿童有意注意的中心或焦点，但是这些处于边缘的形象、色彩、音响、节奏、语言等信息和符号，都可被直接吸收，因为脑不仅能吸收直接和注意到的信息（处于中心或焦点），而且能吸收超出即刻注意焦点之外的信息和符号，儿童可对全部感觉到的情境做出反应。优化情境实际上是将信息、教学内容镶嵌在特定的情境中，而这些处于焦点的信息又是有机地相互联系着的，构成一个和谐的整体。这样的整体，作用于儿童感官，更能强化信号。因此，当儿童进入这样的情境时，很快激起强烈的情绪，形成无意识的心理倾向，情不自禁地投入到教育教学活动中，并表露出内心的真情实感，从而迅速地对学习焦点的变化做出反应。其间，不仅有物化的情境的作用，更主要的是教师、学生、教材情感的传递。因此，在具体操作中，要牵拉情感纽带，缩短三者之间的心理距离。

1. 教师与学生之间，真情交融

要让儿童的情感伴随着学习活动，这需要一个过程，其间包含儿童的心理历程，这是首先需要启动的。儿童的情感就像小河，要它漾起涟漪、泛起微波，就需要外力的推动——或者像一只蜻蜓在水上轻轻一点，或者像一阵微风悄悄地拂过水面。当我们走进课堂时，仿佛觉得自己来到一条清澈的小河边，那样的明亮、清新。我们从新课开始，就要放飞一群"蜻蜓"，送过一阵"微风"，让学生情感的小河水荡漾起来，使学生对新课的学习形成一种企盼的欲望、关注的心理。不过，光有方法、手段，自己没有真情实感还是不行的。因此，这就首先需要教师倾注真情实感。我们实验班的教师上课时能很自然地把自己的情感融进去，教师的心和学生的心是相通的，是连在一起的，教师常常是和学生一样全身心地沉浸其中。记得上观察说话课《冬爷爷的礼物》这一课时，笔者只是简单地围上一条长围巾扮演冬爷爷，学着老爷爷的嗓音，向他们问好："孩子们，你们好！"孩子们满心喜欢，观察说话的内容变成冬爷爷与孩子们的对话，巧妙地进行了语言训练、思维训练，而这同时也是师生之间一种情感的沟通、心智的交融。

2. 教材与学生之间，引发共鸣

教材对于学生来说，是一个未知的领域。情境教育通过再现教材内容的相关情境，利用角色效应，让学生自己去琢磨、去尝试、去发现，缩短了教材与学生之间的心理距离。因为，情境作用于学生的感官，强化了感受，使他们对教材由"近"感到"真"、由"真"感到"亲",从而引起共鸣、如临其境。而教材与学生之间情感的桥梁便是教师的情感。尤其是小学语文教材含蕴的思想情感对儿童的心灵会产生影响,这就得靠教师去传递、去强化,让学生随着教学过程的推进,入情、动情、移情、抒情。

教学安徒生童话《卖火柴的小女孩》后,笔者让学生们写了《假如卖火柴的小女孩来到我们中间》的想象性作文。学生们的表述使笔者感到教学活动一旦触及儿童的情感领域,必然会获得意想不到的效果。儿童深受形象感染后,所表达的对卖火柴小女孩的关爱,真是感人。这表明从小培养儿童对生活的幸福感,以及善良、同情心等美好的感情,是完全可以做到的,也是十分必要的。教学的同时就是要教做人,尤其是小学语文教材都是情景交融的产物。只要教师在教学过程中引导学生去感受、去体验,学生情感的波纹就会渐渐地涌动起来。

3. 学生与学生之间,学会合作

由于情境的优化,学生与学生之间友爱亲密。他们在情境中相互切磋,你提问我回答,你错了我纠正,你优秀我学习,你掉队我帮助,学会互补,学会肯定别人,学会与他人合作。学生们在相互交流、协商的人际情境中,逐渐懂得合作的快乐和重要。这种亲、助、和的人际情境,非常有利于学生合作精神、交往能力的培养,而学生的合作、交往又丰富了人际情境。

情感这一纽带是贯穿在整个教学过程中的。师生的情感随着课文情感的起伏而推进、延续、加深,从而与教材蕴含的情感产生共鸣,使学生逐渐懂得了爱,懂得了热爱美好、追求崇高。课堂教学有情感纽带的维系、牵动,变得更富有魅力;学生的学习兴趣得到有效的培养,爱学、乐学的可贵的学习品质日渐形成。

总之,以"情"为纽带,培养儿童的高级情感,既是教育教学的目的,又是促进儿童主动发展的有效手段。

四、以"儿童活动"为途径

学生，尤其是小学生，在他们身体迅速成长的时候，往往是通过自身的活动去认识世界、体验生活、学习本领的。这就像雏鹰的翅膀是在飞翔的活动中练硬的一样。因此，在课堂教学中促进儿童素质发展的主要途径便是儿童活动。

1. 活动融入课程，以求保证

爱动是每一个儿童的天性。在生活与学习中，儿童总是喜欢亲眼看一看，亲耳听一听，亲手摸一摸、试一试。应该说，没有儿童期的活动，我们就不可能迈出人生的第一步。我们的教学理应顺应儿童的需求与发展。在教学实践与研究中，情境教育将活动融入学科课程，在优化的情境中，将知识的系统性、活动的操作性、审美的愉悦性融为一体。这既可以有效地克服单纯学科课程"重知识、轻能力"的弊端，也在一定程度上弥补了单纯活动课程往往易陷入知识无体系状态的缺陷。情境教育强调在特定的氛围中激起儿童热烈的情绪，在优化的情境中使学生主动地活动起来，产生动机，充分感受，并展开主动探究、情感体验、比较鉴别、判断正误、模拟操作、语言表达等涉及观察、思维、语言、触摸的一系列活动；强调将活动融入学科课程，使学生的主体地位得到保证，同时又遵循了教材体系。

各科教学在优化的情境中让学生充分活动起来，他们在活动中为可以显示自己的力量、表现自己的聪明才智感到无比的兴奋。实践表明，将活动融入学科课程，为学科教学增添了活力，为学生发展提供了广阔的属于他们的空间。

2. 利用角色效应，以求主动

角色决定着人的思维、情感和语言的活动。情境教育利用角色效应，让学生扮演、担当特定的而又与教材相关的角色，收到了很好的效果。角色的出现使教学内容与学生更为贴近，让他们以特定的角色带着情感色彩去学习。一位青年数学教师，在教百分比时，让学生当爸爸或者妈妈，将家中余钱送到银行存储，算一算多少钱存多少年可以得多少利息，并交纳多少利息税。课后引导学生当一回小储户，把零用钱、压岁钱存到银行，再去算利息，学生越算越带劲。教学与生活紧密相联，不仅培养了学生学习的兴趣，而且使学生从真正意义上理解了数学，增强了学科的应用能力。在情感驱动下，这种"有我之境"可产生一种巨大的无形的导引效应。课堂上，只要角色一出现，全体学生会马上兴奋起来，教材中原有的逻辑的、抽象的、符号化了的内容，一下子变得那样生动、形象、真切。这正是在特定情境下，角色转换所产生的积极效果。

在语文课上，角色的扮演是普遍的。教学《爬山虎的脚》，让学生戴上头饰担当爬山虎，让爬山虎人格化，通过"我"和爬山虎的对话，进一步认识爬山虎脚的生长特点；教学《林海》，让学生担当科学考察队员，课文中描写的林海景色，学生仿佛亲眼所见，然后由学生做考察报告。学生的知识当堂得到综合运用，学得有滋有味。他们情不自禁地按自己扮演角色的身份和处境去思考、去表白、去操作，根据教材内容和教师、同伴对角色的期待，合情合理地表现出一系列的行为，并用恰切的语言进行表述。往日"被动接纳"的角色，变成"主动参与"的角色，儿童的主体意识在教学过程中有效地形成并日益强化，获得主动发展便成现实。

3. 活动结合能力训练，以求扎实

将活动融入学科课程，教学过程随着儿童的活动推进，再利用角色效应进行训练，课堂教学比起单一的"灌注式"的教学就丰富多了。但是在教学过程中让儿童活动，最终目的并不是简单地追求形式上的生动，而是让儿童通过自身的活动掌握教学内容，让学习与生活和应用沟通，让儿童乐中学、趣中学、动中学、做中学。我们结合教学内容引导学生进行分析、归纳、推导、联想、想象的思维活动，讨论、商量、讲述、对白、演讲、争辩的语言活动，并在比较、鉴别、评价活动中引导学生逐渐形成辨别、鉴别能力，在朗读、默读、速读、查找、检索资料中，在演示、表演、模拟、操作活动中培养实际应用能力。

活动为儿童开拓了辽阔的创造空间，一种更高的追求产生了，一种使自己能表现得更完美的渴望随着活动与日俱增。

五、以"周围世界"为源泉

情境教育根据儿童认识世界、学习语言的规律，十分注重儿童与大自然的接触，引导他们由近及远、由表及里渐次地认识周围世界。为此，我们增设了野外教育，特设观察说话、写话课，并列入课程，这就为儿童接触大自然、接触周围世界，保持两个信号系统的平衡提供了保证。通过这些课程的开设，教师带着儿童去感受春天的生机、夏天的繁茂，体验秋天的奉献、冬天的孕育；去观察太阳怎样让人类从黑暗走向光明、月亮怎样在云朵里穿行的微妙动态；感受日出的气势、光亮、色彩，体验月行的恬静、温柔和所展现的神话般的想象意境；思考宇宙天体与人间四季变化的因果关系，那春雨的淅沥、雷雨的轰响、晨雾的迷蒙、白雪的纯洁，这些大自然发生变化的景象，实验班的学生都细细地观察过，并在其中领略、品赏、思索。

实验班在带领儿童投入周围世界的怀抱时，从求近、求美、求宽的角度去优选周围世界的生动场景，并因地制宜，在学校附近的田野建立野外活动的基地。那里的一条小河、一块农田、一片小树林、一座古老的宝塔，成了儿童较早认识的周围世界的一角。

在实验班五年的学习生活中，儿童不断地与周围世界接触，充分领略到大自然赋予的美感，逐步地认识社会生活。儿童智慧的火花在其间被点燃，丰富的感知广泛地储存了关于周围世界的表象，为第二信号系统提供了取之不尽的源泉。在此过程中，实验班教学注意到儿童接触周围世界，与认识大自然，与启迪智慧，与道德教育、审美教育的有机结合。

1. 渐次认识大自然

周围世界是一个相对的空间，一个由大自然与社会生活构成的光怪陆离的天地。其中，大自然以它特有的丰姿、无与伦比的美感，成为对儿童特别富有魅力的场景。但大自然不宜一览无余地呈现在孩子面前，必须渐次地在儿童眼前揭开它的面纱。就拿校门口的小河来说，怎么经常带学生去，而又不至重复，只有逐一地、渐次地进行。

一年级开学后，教师把学生带到小河边，帮助他们认识这是一条小河，一条弯弯的小河，河上有一座桥，河两岸有树、有芦苇，让儿童认识小河的形状、空间位置及岸边的主要景物；让学生们坐在小河边静静地听着小河水哗哗地向前流去的音响，看着小船儿悠闲地在水面上摇着，小鸭子也跟在后面嘎嘎地叫着；再利用河两岸的树木、河上的鸭子，让学生进行现场数学游戏，为数与形的教学做了必要的而且是带着情感色彩的铺垫。然后，让学生从河上的景物猜想河底还会有什么。于是，小蚌蛤、小鱼、小石子、小螺蛳、小乌龟，一下子闪现在学生的眼前——《小鱼巧遇小虾》的童话、《乌龟和螺儿赛跑》的故事，就在这诗一般的小河边、在大自然的怀抱里诞生了。一篇带有八个生词的小文"弯弯的小河，穿过石桥，绕过田野，哗哗地向远方流去"，一年级刚入学的学生竟然轻而易举地学会了。这些词语带着鲜明的色彩与音响进入了学生的意识，给学生留下了难以磨灭的视觉记忆。倘若不在这真实的情境中，不通过感官认识小河，文中的"石桥"、"田野"、"远方"以及动词"穿"、"绕"、"流",该费多大的劲向学生讲解,即使讲了,学生还可能不知所云。

这充分说明,只有第一信号系统提供"资源",第二信号系统的语言思维发展才有基础。基础丰厚,发展必迅速。后来在这小河边,还进行了《小河上吊桥的不平常的经历》《我们沿着小河走》《小河边的青蛙音乐会》《小蝌蚪到哪里去了》《小河边的芦苇丛里》《小河结冰了》《小河畔的野花》等课文内容的认识。仅从某个小角落,儿童就可以去感受周围大自然的美、趣、情。如果其他的场景也都如此渐次地进行,大自然的美貌在儿童的心灵上就永远是新鲜的、富有诱惑力的。儿童对大自然的感情,也在这有意无意间日积月累地积聚起来。

2. 潜心启迪智慧

周围世界的某一场景虽然是广阔天地的一隅,但此物与彼物、甲现象与乙现象的变化及因与果的相互关系都可以激起儿童的思考。面对具体情境,感觉真切,思维就有了材料,推理就易于找到依据。这对学龄期儿童具体的形象思维向抽象的逻辑思维过渡、发展更为合适。

三年级进行《菜花冠军》的情境作文时,学生由于亲眼看到了金子般的油菜花、花蝴蝶似的蚕豆花、那比大包子还要大的菜花,又闻到了春风吹来的浓艳的菜花的芳香,似乎进入了菜花的世界。鲜明的形象,使感觉获得了丰富的源泉,思维活动积极展开,他们自己提出:"菜花比赛,谁当裁判?"又是他们自己做主:"请蝴蝶和蜜蜂当裁判。"

在田野上,学生们像一群小鸟一样叽叽喳喳地、欢快地讨论开了:"蚕豆花躲在豆叶下,它的谦虚谁也比不上。""油菜花好看、籽儿多,榨成的油可以流成河,它才是真正的菜花冠军呢!""野菜花遍地都是,锄不净,挖不完,就是野火也烧不尽,它的生命力是最强的。""菜花比赛"变成了孩子思维能力、想象能力、运用语言本领的比赛。

至于在观察天体、天象的情境中，儿童思想的活跃就更不用列举了。因为两个信号系统的平衡，使孩子表象丰富、思路开阔。

3. 与道德教育、审美教育结合

大自然并不是孤立存在的，它与人相连，就必然与社会相通。涉及社会就包含着思想道德、审美情趣。因此，在引导儿童认识周围世界时，实验班有机渗透思想教育、道德教育及美的熏陶。就在那美丽的田野上，从老牛"哞哞——"的叫声到拖拉机马达的轰响，从方整的农田到在田野里辛勤劳作的农民，从田野边寥寥无几的低矮的小屋到耸立在村边的一幢又一幢新建的小楼房，从老街上石子铺成的小路到今天宽阔繁忙的大街，无不包含着对儿童进行热爱劳动、热爱劳动人民、热爱生活、热爱美丽的家乡、热爱优越的社会主义的生动形象的教育。尤其是带有主题的单元教学中的野外活动，更可以把感受自然美与思想道德教育结合起来。春天带学生去祭扫烈士陵园，烈士墓前的苍松翠柏、花束正散发着芳香，宁静的田野盛开着桃花，河岸边飘荡着柳枝，连同孩子手中的小白花，构成了自然美与社会美交织在一起的生动画面，两者相互迁移、相互强化——因为烈士牺牲的悲壮，更觉松柏的庄严肃穆；因为田野的美好，更感烈士的丰功伟绩。诸如此类的许多有关热爱祖国的教育，在实验班常常是在认识周围世界的过程中相机进行的。周围世界源源不断的思维素材是课堂教学取之不尽的源泉，并随着视野的拓宽，思维的领域也日益扩大。野外教育已成为综合学习和研究性学习的崭新形式。事实表明，只有保持两个信号系统的自然平衡，儿童的思维才会具有广阔性、深刻性、灵活性的品质。

情境教育正是针对儿童的思维特点和认识规律，以"美"为突破口，以"思"为核心，以"情"为纽带，以"儿童活动"为途径，以"周围世界"

为源泉，让儿童在学习的过程中，获得探究的乐趣、审美的乐趣、认识的乐趣、创造的乐趣，从而使教学真正成为生动活泼的儿童的自我需求的活动。儿童的学习兴趣、审美的兴趣、认识的兴趣，乃至向往丰富精神世界的兴趣，也在其间培养起来。

（原载《教育研究》2002 年第 3 期，
被评为《教育研究》创刊 30 周年杰出论文）

"意境说"给予情境教育的理论滋养

【摘　要】在情境教育的探索过程中，中华民族的文化给予其深厚的理论滋养，特别是"意境说"的理论对这一研究有极大的启发。"意境说"的精髓可概括为情景交融、境界为上，蕴含着美学、心理学、创造学最古朴的原理。情境教育是给儿童一个真实的世界，注重以情激情、以情育人；情境课程讲究广远的意境，辽阔的想象空间，以美为境界、以美育人，这一切与"意境说"的真、美、情、思的特点是十分契合的。"意境说"不仅为情境教学提供了理论滋养，而且进一步支撑了整个情境教育的研究和情境课程的开发。

【关键词】情境教学；情境教育；"意境说"

在情境教育的探索过程中，中华民族的文化给予这一研究深厚的理论滋养，特别是"意境说"的理论对其有很大的启发。一千多年前刘勰的《文心雕龙》以及近代学者王国维的《人间词话》，可谓"意境说"的代表杰作，是中华民族文化的经典，其精髓可概括为情景交融、境界为上，阐述的内容精湛而丰厚。读着它，不得不为其深广而震撼。"意境说"虽然原本是文学创作的理论，或更确切地说是"诗论"，但在探索情境教育的过程中，却可"借古人之境界为我之境界"[1]84。正如王国维所言"一切境界，无不为诗人设"[1]81，而我觉得一切境界无不为我、为儿童所设，因为"意境说"的理

论可以为教育所用。我从"意境说"中概括出了"真、美、情、思"四大特点，并从中得到启迪，进而影响了我的儿童教育观以及课程观。

一、"真"——情境教育给儿童一个真实的世界

刘勰在他的《文心雕龙·物色》等篇中，突出了客观外物在文学创作中所起的作用及其意义。他认为"感物吟志，莫非自然"，"物"是创作的对象，是"情"、"思"、"辞"的根基，所谓"诗人感物，联类不穷"，"物我交融，情景相生"，把"感物"与"咏志"结合起来。[2]30 这种近乎唯物论的阐述，实际上强调的是"写真实"才能"抒真情"。在《文心雕龙·情采》篇中刘勰明确指出，"故为情者要约而写真，为文者淫丽而烦滥"，"而后之作者，采滥忽真"，鲜明地反对"矫揉"、"雕削"。[2]132 王国维则明确指出"所见者真，所知者深"[1]88，"能写真景物、真感情者，谓之有境界"[1]80。

情境教学从起步阶段就受这一论说影响，我在优选典型场景为儿童提供作文题材时，就追求给儿童一个真实的世界——走进大自然，走进社会生活，在儿童眼前展现一个活生生的、可以观、可以闻、可以触摸、可以与之对话的多彩的世界。这让我认识到，只有讲究"真"，才能让儿童真正地认识周围世界、感悟生活，将课程内容与生活的真实相沟通、相融合，让儿童在感受"真"、领悟"真"中长大。这无论对他们儿时的认知、情感、思维发展，还是做人，乃至对未来他们走进社会生活，都是十分有益和必要的。所以，情境课程的特点之一便是"形真"，但讲究的是"神似"，而不是"形似"。因为我意识到，在课堂教学中不可能将课文描写的情境都以真实形象再现，况且若过于讲究实景，会因局限于一景一物而缺乏典型意义，不能为儿童提供意象广远的境。我提出的"形真"，模拟的情境亦包含其中，只是要求形象富有真切之感，是真切而不是绝对真实，即神韵相似，能达到可

意会、可想见就行。就像国画里的白描、写意，简要的几笔勾勒出形象，并不要求工笔重彩，看来同样是真切、栩栩如生的。情境教学以音乐渲染的、图画再现的、角色扮演的形象，以"神似"显示"形真"。从"真"出发，由"真"去启迪"智"、追求"美"、崇尚"善"。

二、"美"——情境课程以"美"为境界、以"美"育人

刘勰在《文心雕龙·情采》篇中强调了"文采"。他从水的"沦漪结"、木的"花萼振"、动物皮毛的"色资丹漆"，并以"虎豹无文，则鞟同犬羊"，通俗地说明事物的形体总是需要文采、需要美的。进而又指出立文之道有三：一是形文，有五色；二是声文，有五音；三是情文，有五性。[2]128 认为五色交织起来，似耀目的礼服；五音协调起来，组成悦耳的音乐；五性抒发出来，便成感人的文章。指出这是自然的法则，"神理之数也"。不难看出，刘勰追求的物、情、辞和谐的美，从"美物"到"美文"，讲究的便是一个"美"。王国维又进一步指出，"词乃抒情之作，故尤重内美"[1]84。如此，诗人从"真景物"的"外物美"，到自己的"内修美"，精神与物象交融，沉浸在美的境界中，激起情感的升腾，所谓"情以物兴"，"故词必巧丽"，比兴之做法方在其时自然萌芽。正如王国维所说的"红杏枝头闹春意"，"云破月来弄花影"，一个"闹"、一个"弄"字，境界全出，最终写成美的诗篇。[1]80

"意境说"对"美"的反复褒扬，以及现代美学理论的借鉴，影响着我在情境教学初期就去追求语文教学的"美"，创造性地将艺术引进语文教学，使创设的或再现的或优选的情境呈现美感。通过美的形式、美的内容、美的语言，让美占领儿童的心灵。情境的美对儿童具有极大的魅力，使我选择了以"美"为突破口作为情境课程操作要义的第一条，进而又以"美"为境

界、以"美"育人。

在情境课程中，教学实践告诉我：民族文化的吸纳对教育是有效而有益的。美感带来的愉悦，使儿童欢愉而兴奋。这让我进一步感悟到教学中的美，对于儿童仿佛是一块磁石，它既能启智又能育德，既能冶情又能发辞，具有全方位的育人功能。由于美，我们可以摆脱各科教学的单纯工具性的传统。美感的笼罩，使各科教学的文化内涵得到顺乎自然的体现，工具性包容的知识和实践，镶嵌在滋润了文化艺术的美的情境中。如此，知识变活了，变得有血有肉，变得丰富而具神采。

我还以"美"作为培养儿童创新精神的土壤，因为审美的愉悦使儿童的想象、联想在无限自在的心理世界中积极展开，潜在的创新的种子就很易于在这宜人的审美场中萌动、发芽。美，无处不显示出一种积极的驱动，无处不产生对儿童智慧的启迪。美不仅滋润了儿童的心田，而且会呼唤儿童向往崇高和圣洁的境界。他们因爱美而鄙丑，从善而憎恶，最终使心灵变得美好起来。

在教学活动中，教师的审美感受及其给教学带来的高效能，对儿童发生的无可替代的作用，使我明确地提出一个值得倡导的教学原则：美感性。可以说，在情境教育探索过程中提出的有关美的认识、主张及操作要义，除了美学原理的启示，那就得追溯到"意境说"长期以来对我潜移默化的影响和给予的理论滋养。

三、"情"——情境教育注重以情激情、以情育人

刘勰在《文心雕龙·物色》篇中，对客观外物对人的情感的影响，做了生动形象的阐述，他指出，"物色之动，心亦摇焉"，"一叶且或迎意，虫声有足引心，况清风与明月同夜，白日与春林共朝哉"，[2]171 表明人的情感受客观外

物的影响之深。王国维则明确指出，"境非独谓景物也，喜怒哀乐，亦人心中之一境界"，"一切景语皆情语"[1]16。不仅如此，刘勰还在《文心雕龙·情采》篇中指出："情者文之经，辞者理之纬；经正而后纬成，理定而后辞畅"，"情"是文章之灵魂，主张"为情造文"，反对"为文造情"，特别讲究真情的抒发；他还论述了情感对语言技巧的影响，"情以物兴，故义必明雅；物以情观，故词必巧丽"[3]88，认为"情信而辞巧"[3]18，"情深而不诡"[3]28，精辟地阐明了"情"在文学创作中的重要作用。

回忆实验初期，我将外语情景教学移植到小学语文教学中，只是在课堂上进行片断的语言训练，正是"意境说"让我豁然开朗、拓宽视野。我琢磨，客观外物既然会影响诗人、词人的情感，也必然会影响儿童的心理世界。于是，我带领儿童走向大自然观察情景，无论是在春天野花盛开的田野，还是在夏日蝉鸣蛙叫的小河边；无论是在秋夜的明月下，还是在冬天飘雪的早晨，都让我亲身体验到"情以物兴，物以情观"在今天儿童教育现场中的真实体现，真是景中生情，而情又融于景。客观外物激起儿童的情感，又自然而然产生一种不容自遏的表达动机，即所谓"情动而辞发"。继而，我读到一篇篇包含着童真童趣、言之有物而又有情的习作。"意境说"的尝试和借鉴让我消除了传统作文教学的无病呻吟、遵命而作的弊端。

通过教学实践，我还发现课堂上优化的情境会激起儿童热烈的情绪，驱动他们情不自禁地投入到教学过程中去。我将"意境说"关于情感的精辟阐述与自己教学实践中的体验结合起来，感悟到用艺术的直观与语言描绘结合起来的情境并不是一种单纯形象的呈现，而是浸润着、弥漫着情感。情感成了情境的内核，无情之境终不成境界，所以除了"形真"外，我还概括出"情切"、"意远"、"理寓其中"等情境教学的特点。

多年的探索，我深感"情"是教育的命脉，当儿童在教师引领下进入情境时，情感便连接在教师、学生、教材之间，相互牵动着、影响着。我概括出以"情"为纽带作为情境课程重要的操作要义之一，继而我又结合心理学、美学、场论的学习，更明确了优化的情境必然会激起儿童热烈的情绪，产生一种投入学习活动的主观需求，感受学习活动带给他们的快乐与满足，并在其间受到熏陶和感染。同时，因为情感的作用，教师的真情、期待、激励衍化出学生的自信，使儿童的思维、想象、记忆等一系列的智力活动处于最佳的状态，儿童的学习活动由此获得意想不到的效果。毋庸置疑，面对单纯的符号学习，儿童是不可能主动地学的，更谈不上感受学习的快乐；儿童潜在的智慧，也会因为没有情感火花的点燃，在无意间、在师生都不知晓的状态下继续沉睡以至泯灭。在吸纳了"意境说"后，经过多年的探索，我构建了将儿童情感活动与认知活动结合起来的独特的教育模式——情境教育，把认知与情感、学习与审美、教育与文化综合地在课程中体现出来。当然，这并不意味着排斥对当代先进教育理论的吸纳，东西方文化的结合可为我们的研究寻到多元的理论支撑。

四、"思"——情境课程讲究广远的意境、宽阔的想象空间

刘勰在《文心雕龙》中提出"神思"的理念，为此特写一章，阐明人的思维不受时空的限制。他指出，"文之思也，其神远矣"，诗人创作时联想、想象一系列的思维活动空间极其广远。所谓"故寂然凝虑，思接千载；悄焉动容，视通万里"[2]63，而且生动形象地描写了此时诗人可以进入"眉睫之前，卷舒风云之色"，"登山则情满于山，观海则意溢于海"的"神与物游"的神奇美妙的境界。[2]64 他还列举历代名人大家的创作，具体论及思维的作用，指出"虽有巨文，亦思之缓也"，"虽有短篇，亦思之速也"，[2]68 等等。

我在情境课程操作要义中提出的以"思"为核心，当然是以心理学理论

为依据的。在情境教学诞生初期，我发现想象在发展儿童思维、培养儿童悟性方面有着特殊作用，便开始注意儿童想象力的发展。这些认识与自己较早地受到"意境说"的影响并从中汲取了理论滋养是分不开的。在20世纪70年代末80年代初，我即凭借阅读教材和作文教学启迪儿童的想象，并且构想出"以观察情境积累表象，丰富儿童想象所需的思维材料"、"以情感为动因，提供想象的契机，为儿童组合新形象产生需要的推动"等具体策略，使"意境说"中的"神思"之说在现代教育教学中打开了可行的窗口。

我和实验班的老师常常把儿童带入广远的意境中，在课文描写的情境中阅读，并设计出想象性复述、想象性作文等系列表达语言的训练样式，让儿童在其间展开美妙的想象，把观察与思维、观察与想象有机地结合起来。儿童在阅读中凭借想象，可以加深情感体验、丰富阅读材料；在习作中，凭借想象可以把作文写得富有儿童的情趣。我由此逐渐悟到了通过启迪儿童的想象，是发展儿童创造性的相当有效的途径。因此，我特别主张在优化的情境中，让儿童带着想象去阅读、带着想象去习作。实践表明，在情境中，儿童的想象力是极其惊人和美妙的。我深感儿童的思维是长翅膀的，儿童的思维是会飞的。他们虽不能达到诗人思维的水平，但是他们的想象力可以神通江河湖海、意攀高山白云，同样可以达到思接往昔、憧憬未来的境界。

"意境说"中的"真、美、情、思"，我以为正是儿童教育之所需。儿童是"真"人，教师应是"不失其赤子之心者"[4]。教育与生活相通，便是"真"的表现。即使是模拟的生活情境，同样给学生一种真切之感。真人真景激起真情感，才能激广远之思，进入美的境界，创造出美的果实。

回忆20世纪70年代末，我只是从"意境说"关于客观外物与"情"、与"思"、与"辞"的论述中，延伸到语文教学范畴来理解、借鉴的。经过对"意境说"的进一步领悟与思考，深感其博大精深，它蕴含着美学、心理学、创造学最古朴的原理，不愧为民族文化的瑰宝，而这正是国际上情境认知研究领域的空白之所在。难怪后现代课程论者指出课程范式研究转向"寻求情境化的教育意义"，并提出"在东方文化中寻求课程与教学智慧"，[5] 建构具有民族文化风格的课程与教学理论，实在是很有见地的看法。

我结合现代教育理论将中国古代文论"意境说"大胆地运用于小学教育，这表明中华民族文化给予了我们智慧的启迪与理论滋养，导引我们的教育创新走民族自己的路。其实，"文学"说到底是"人学"，而教育又是"人的教育"。从哲学的含义讲，二者无疑是相通的。所以，"意境说"不仅为小学语文情境教学提供了理论支撑，而且进一步支撑了整个情境教育的研究、情境课程的开发。正因为情境教学、情境教育、情境课程蕴含着民族文化，洋溢着时代气息，所以显现出勃勃的生命力，并展示出更宽广的美好前景。

参考文献：

[1] 王国维.新订《人间词话》，广《人间词话》[M].上海：华东师范大学出版社，1990.

[2] 郭晋稀.文心雕龙译注十八篇 [M].兰州：甘肃人民出版社，1963.

[3] 张长青，张会恩.文心雕龙诠释 [M].长沙：湖南人民出版社，1982.

[4] 孟子.离娄（下）[M].太原：山西古籍出版社，2003：125.

[5] 钟启泉，张华.世界课程与教学新理论文库 [M].北京：教育科学出版社，2004：主编寄语.

（原载《教育研究》2007 年第 2 期）

情境教育的独特优势及其建构

【摘　要】情境教育系列实验与研究从 1978 年开始，至今历经 30 年，由最初的语文学科的情境教学发展到涵盖儿童成长诸领域的情境教育，并落实到情境课程，形成了独特的情境教育理论体系与操作体系。情境教育顺应儿童天性，突出"真、美、情、思"四大元素，以"儿童—知识—社会"三个维度作为内核，构筑了具有独特优势的课程范式。情境教育还从脑科学最新成果中找到理论支撑，即儿童的脑是敏感的，需要一个丰富的环境；儿童的脑具有极大的可塑性，需要不断提高神经元联结的频率；儿童的脑优选接受情绪性信号，积极情感伴随的学习活动可获得高效。情境教育正是将儿童认知活动与情感活动结合起来，找到了一条全面提高儿童素质的有效途径。

【关键词】情境教学；情境教育；情境课程；意境说；脑科学

为了让儿童快乐地成长，乘着改革开放的春风，1978 年我再次走到儿童中间，踏上了探索之路，围绕"情境"这一课题不知不觉做了 30 多年。在情境教育的探索过程中，中华民族的文化给予我的研究以可贵的理论滋养，特别是"意境说"，让我从中得到极大的启发。同时，世界先进的教育理论也给我很好的启示，脑科学的最新研究成果为情境教育提供了理论支撑。古今文化的传承、东西方文化的交融，使我的研究不断地丰富起来。30 多年来，从最初语文学科的情境教学的探索，到情境教育和情境课程的形

成，我逐步构建了今天独具特色的情境教育理论体系与操作体系。

一、"真、美、情、思"形成独特优势

在数十年与儿童的朝夕相处中，我感悟到儿童是有情之人，儿童生来爱美，更为重要的是儿童潜藏着智慧。我从"意境说"中概括出的"真、美、情、思"正是最好的借鉴。

（一）讲究"真"，给儿童一个真实的世界

情境教学在起步阶段就受到"意境说"的影响。刘勰在他的《文心雕龙》中指出："情以物迁，辞以情发。"也就是说，客观世界会影响人的情感变化，情感会触动语辞的萌发。我想，语文是生活的写照，是典型化了的生活。怎能以封闭的课堂束缚儿童，使他们在枯竭的断流中学习语文呢？

于是，我带领孩子们走出封闭的课堂，投入大自然的怀抱，走进社会生活五彩纷呈的画面中。在田野上孩子们像小鸟飞出笼子，贪婪地呼吸着广阔天地里清新的空气。于是小河旁、田埂上、树丛里都留下了我和孩子们的身影。他们睁大了眼睛看着这美妙无穷的世界。那飘忽的春雨，使他们感受到古诗中"春雨润物细无声"的境界；夏日的雷鸣电闪，让他们思考大自然骤然变化的因果关系；秋夜我带他们去看月亮，闪烁的星星、银盘般的月亮又引起了他们许多奇妙的遐想……我以为日月星辰、春夏秋冬、冰雾雷电，还有美丽如画的山川田野、千姿百态的花草树木、光怪陆离的鸟兽虫鱼，连同当今社会生活中鲜活的生活场景、昔日的人文景观，都是大自然和社会早就为孩子们编写的最生动的教材。一次次在情境中的观察与感受，孩子们在记忆屏上留下了繁多的生动映象。这为他们的想象与思维活动提供了极其丰富的材料，使他们有可能去组合、去创造新的形象。基于情境的观察，不仅为

儿童提供思维和想象的材料，而且这对培养处于生命早期的儿童的敏锐的感受能力，满足他们认识周围世界的强烈欲望都是十分有意义的。

开放的情境让课堂与思维的源泉、语言的源泉相通，进而丰富了课堂教学。儿童的经验得到了充分的利用，他们写出了很精彩的习作。二年级班上有3个学生的作文竟然登上了《人民日报》，还加了"编者按"；3年后，在小升初统考时，我们班的作文优秀率是整个区的12倍。情境教育促进了儿童情感与智慧的充分发展。所以，当情境教学发展到情境教育时，我提出将"拓宽教育空间，提高教育的整体效应"作为情境教育基本模式的第一条。在情境课程的操作要义中，我更明确提出以"儿童活动"为途径。我们创设的包括优选的和优化的、开放的情境，都给儿童一个真实的世界。在情境课程中，无论是作为核心领域的学科课程，还是主题性大单元情境课程、衔接的过渡性情境课程、野外情境课程，都进一步将课堂与生活情境相连，让我寻求到连通符号认知与生活感受的路径。

（二）追求"美"，给儿童带来审美愉悦

开放的情境让孩子身心得到释放，作文教学的成功让我发现了"美"的无可比拟的功效，引起了我新的思考。我联想到"意境说"中刘勰提出的从"美物"到"美文"，王国维提出的从"外物美"到"内修美"，讲究的便是一个"美"字。"意境说"对"美"的反复的褒扬，影响着我在情境教学初期就去追求语文教学的"美"。正如哲人所说："美的发现的前提是追求。"小学语文本身是美的，展示了一个真、善、美的世界，有形亦有情。我认为，小学语文教学不仅要为儿童切实打好基础，而且要让他们在其间受到人文熏陶，进一步培养儿童的高级审美情感。由此，我想到美学和艺术，借鉴边缘学科的思考拓宽了我的思路。我深知，艺术是最形象、最富美感、最生动的

文化。儿童的审美教育是从感受美开始的，进而才是对美的理解和借鉴，以至去创造美。

我从艺术与文学的关系做了分析和判断：利用艺术，让语文教学美起来。于是，我大胆地将图画、音乐、戏剧引进课堂。音乐像文学一样，也有自己丰富的语言，儿童很容易从对音乐的旋律、节奏的感知中产生情感体验和共鸣，进而激起相似的联想和想象。为了教学的需要，我有时将图画、音乐、戏剧以及角色的扮演综合起来创设情境，那美感更为强烈，儿童学得更为主动。由此，我概括出了创设情境的六大途径："以图画再现情境"、"以音乐渲染情境"、"以表演体会情境"、"以语言描绘情境"、"以生活展现情境"、"以实物演示情境"。

在给一年级的孩子上单元综合课《让儿童插上想象的翅膀》时，我用图画、音乐以及角色扮演，创设一个任儿童想象的翅膀可以飞翔的情境。在音乐声中，我让孩子们想象他们喜欢的物品飞起来、飞向远方。有的孩子说："我想把翅膀送给小猫，让小猫走遍全世界去捉老鼠。"有的孩子说："我想把翅膀送给树木和花朵，让树木和花朵飞到太空去，打扮太空。"孩子们的话语体现出人在情境中，那是"有我之境"，是"有情之境"。不难看出，在如此富有美感的情境中，课堂是美美的，儿童的心里也是美美的，因为愉悦让孩子的智慧迸发出如此灿烂的火花。我认定，美的、神奇的情境，是启迪孩子潜在智慧的最佳境界。

在教学实践中的感悟，让我找到情境教育操作的突破口，那就是"美"，进而我提出以"美"为境界。我提出这样的主张，绝非单凭感觉，其间也包含着许多理性的思考。我从"美"与儿童主体性的形成、"美"与儿童精神世界的丰富、"美"与儿童最初的人生幸福、"美"与完美人格的培养等方面，来认识"美"的无可替代的重要作用，来具体诠释"美"的育人功能。

教育实践告诉我，当孩子与生俱来的审美需求得到满足时，就会产生愉悦的情绪，进而产生主动地投入教学过程的"力"。情境教学就是把学科知识镶嵌在浸润了文化艺术的、美的情境中，让我们摆脱了各科教学的单纯工具性的枯燥。美感的笼罩，使各科教学的文化内涵得到顺乎自然的体现。

数年后，我又明确地提出一个值得倡导的教学原则："美感性"。可以说，在情境教育探索过程中提出的有关对美的认识、主张及操作要义，除了受美学原理的启示外，就是"意境说"长期以来对我潜移默化的影响和给予的理论滋养，使我概括出了情境教学"形真"、"情切"、"意远"、"理寓其中"这充满了民族文化意韵的四大特点，并分别设计了实体情境、模拟情境、想象情境、推理情境、语表情境。情境课程正是运用艺术的手段创设生动的情境，连同优选的周围世界中美丽的大自然、社会生活中光明美好的情境，都从不同角度为儿童营造了一个丰富的学习环境。因此，情境教学获得了高效。

情境教育创造性地通过运用多种艺术手段，使情境富有美感和强烈的感染性，不仅为语文教学中工具性与人文性的统一揭示了最佳的途径，而且通过在各科教学的推广把儿童的情感活动与认知活动结合了起来，创造了以"情境"为特质的一种新的教学模式。

（三）注重"情"，与儿童真情交融

情境教育的根本灵魂就在于一个"情"字。在运用情境教学进行审美教育的探索过程中，学生在教学现场的反应告诉我，"美"能激"情"，进而促使我在情境教学如何"激情"、如何"冶情"方面做了更深入一层的研究。

联系"意境说"对情感的论述，可以看到其中内在的关联。刘勰在《文心雕龙·物色》篇中，就客观外物对人的情感的影响做了生动形象的阐述，他指出"物色之动，心亦摇焉"，表明人的情感受客观外物的影响之深。王国维则明确指出"境非独谓景物也，喜怒哀乐，亦人心中之一境界"，"一切景语皆情语"。而儿童恰恰是最富有情感的人，真情总是激荡在儿童的心头，教育应该利用儿童心灵的这种最宝贵的特点。于是，我将"意境说"精髓与自己的教学实践结合起来，感悟到用艺术的直观与语言描绘结合起来的情境，并不是一种单纯形象的呈现，而是浸润着、弥漫着情感。情感成了情境的内核，无情之境终不成境界。

受"意境说"的启发，情境教育也非常重视以教师、教材或其他教学资源中所蕴含的丰富的情感因素触及儿童的心灵。我们最大限度地发挥情感的纽带作用和驱动作用。在优化的情境中，儿童的认知活动伴随着情感，教学就成为儿童主观所需，成为他们情感所驱动的主动发展的过程。情境显示的美感和情趣往往能迅速引起儿童的关注，进而使他们产生积极的态度倾向，激起他们相应的情感，使儿童在一种美好的情感世界和情感体验中学习知识、发展智力。儿童的思维、想象、记忆等一系列的智力活动笼罩上情感色彩，儿童在情境中感受学习活动带来的快乐与满足，达到知、情、意、行的统一。于是，在构建情境教育模式时我提出"缩短心理距离"，在师生间创设一种亲、助、和的人际情境，在课堂上创设美、智、趣的教学情境，从而使儿童对教师"亲"，对教材感到"近"，形成了情境教育的独特优势，达成以情激趣、以情启智、以情育人。

在优化的情境中，在教师语言的调节引导下，儿童自己的情感会不由自主地移入教学情境的相关对象上。无论是阅读教学课《小音乐家扬科》时师生对扬科身世的同情、怜悯，还是上作文课《假如卖火柴的小女孩来到我们中间》时学生对小主人公的期盼、迎接；无论是情境数学课中教师对学生珍视祖国古代璀璨数学文化美好情愫的激起，还是大单元主题性教育活动《我爱长江，我爱濠河》中教师对学生热爱家乡自然和人文景观真挚情感的引发，无不体现出鲜明浓郁的情感色彩，无不蕴含着执教者"感人心者莫先乎情"的教育哲学理念。在这样的课堂里，没有丝毫沉闷的学习空气，没有强制，没有指令，完全摆脱了被动应付的状态；探究的乐趣绝不是属于少数拔尖的学生，而是属于全体学生。在这种热烈的内驱力推动下，学生群体为求知而乐，为探究而兴奋、激动，到达了一个比教学预期目标还要丰富得多、广阔得多的境界，甚至到达沸腾的状态。"让情感进入课堂"的境界，通过情境教育这一模式得到了实现。

情境教育由于是以情动情，让学生受到熏陶和感染，所以有效地培养、发展了儿童的审美情感及道德情感。随着情境的延续，儿童的情感逐步加深，天长日久，弥散、渗透到他们内心世界的各个方面。作为相对稳定的情感态度、价值取向，又将逐步内化、融入儿童的个性之中。这在儿童道德意识、道德情感发展的关键期，对他们的人格的发展是至关重要的，也是极其深远的。它表现为层次更高级、内涵更丰富的理想、道德、意志等，从而形成一种强大的情意力量，最终促使儿童全面的康健的发展。

（四）突出"思"，给儿童宽阔的思维空间

每一个大脑健全的儿童都潜藏着智慧，理想的教育完全可以而且也应该充分开发儿童潜能，使他们一个个变得智慧起来。儿童的思维能力、语言活动、认知水平，连同情感、态度无不受其思维活动的支配、调控。因此，我一直十分注重儿童思维的发展。1979年，我发表的第一篇论文，题目就是"在小学低年级语文教学中发展学生的智力"。不久，我又就如何在情境教学中发展儿童形象思维、逻辑思维以及创造性思维，培养儿童思维品质进行实验与研究。在1982年概括情境教学促进儿童发展的"五要素"时我提出

"以发展思维为重点，着眼创造性"。后期在情境课程的操作要义中更明确地提出以"思"为核心。这都体现出儿童思维的发展在情境课程开发、建构过程中的重要性。

在情境教学诞生初期，我发现想象在发展儿童思维、培养儿童悟性方面有特殊作用，这正是受到"意境说"的影响。刘勰在《文心雕龙》中提出"神思"的理念，阐明人的思维不受时空的限制。他指出，"文之思也，其神远矣"，诗人创作时联想、想象一系列的思维活动空间极其广远。所谓"思接千载"、"视通万里"，可以进入"神与物游"的神奇美妙的境界。在20世纪70年代末80年代初，我即凭借阅读教材和作文教学发展儿童的想象力，并且构想出"以观察情境积累表象，丰富儿童想象所需的思维材料"、"以情感为动因，提供想象的契机，为儿童组合新形象产生需要的推动"等具体策略，使"意境说"中的"神思"之说在小学教育中打开了可行的窗口。

教学实践表明，在广远的意境中，儿童的想象力表现得极其惊人和美妙，可谓神思飞扬。我不禁赞美儿童的思维是长翅膀的，儿童的思维是会飞的，想象力是儿童一笔宝贵的财富。启迪儿童的想象是发展儿童创造性的有效途径。我在语文教学中进行了一系列的创造性复述、想象性作文、续编课文、创作童话等训练范式，这些都有效地发展了儿童的创造性。

在情境教学走向多科的探索过程中，在时代强调培养民族创新精神的大背景下，我加深了对发展儿童创造性的认识，产生了一种紧迫感，加速了这方面的研究。在大量的教学情境中，我有了新的感悟。我发现优化的情境不仅是物质的，情境中的人所抒发的、倾诉的、流露的、交融的情感会直接影响儿童的心理世界，进而影响儿童潜能的开发。于是，我努力把握儿童潜能发展的最佳时期，从审美、情感、思维空间三方面提出开发创造潜能的举措。

情境教育激发了儿童的潜在智慧，无论是在课堂上还是在各项综合活动中，他们的思维都非常活跃。就拿数学来说，孩子们会运用所学的轴对称图形的知识画出许许多多精美图案；他们还能将所学的测量、平面计算等方法带到园博园中，实地解决现实生活中的测绘问题；数学文化节中，孩子们尽显各自的创造才能：写诗歌、编小品，那些蕴含数学知识又充满趣味的数学童话剧更是孩子们创造性充分发挥的杰作。同样，在语文教学中孩子们的创造性也得到了很好的发展，想象性作文、自己创作的童话以及充满个性和想象力的习作结集《月牙泉》《七色花》《太阳歌》《缤纷花朵》等，表明几乎全体学生的思维都处于积极状态，因为"乐思"，儿童就会渐渐地"善思"。

经过多年的实践与研究，情境教育突出了儿童发展所需的"真、美、情、思"四大关键元素，构建了将儿童情感活动与认知活动结合起来的独特的教育模式——情境教育，把认知与情感、学习与审美、教育与文化综合地体现在课程中。

二、"儿童—知识—社会"的完美构建

在情境教学—情境教育的实验过程中，因应儿童发展的需要，很自然地带来课程的改革。经过18年的实验与研究，我将逐一进行的课程改革做了梳理，其内容由核心领域的学科情境课程、综合领域的主题性大单元情境课程、衔接领域的过渡性情境课程、源泉领域的野外情境课程构成。我围绕儿童，突出"真、美、情、思"四大元素，以"儿童—知识—社会"三个维度作为内核进行整合，构筑了富有独特优势的课程范式。

（一）儿童——情境教育的出发点和归宿

在传统的教育理念中，儿童是幼稚的，是无知的，是等待接纳知识的，因此必然成了老师灌输的被动的对象。这种指导思想下构建起的课程疏远了

儿童、排斥了儿童，甚至是扼杀了儿童。长期以来，我和儿童朝夕相处，不断地发现儿童身上呈现的美好的情趣和幻想，那种永不怠倦的向上性、不可遏制的积极参与的主动性，真是令人叹服。身在儿童中间，便会不断地感受到一个个焕发着如同花草般清香的生命的活力。他们总是不停地渴求新的信息，获取新的信息。因此，儿童具有强烈的求知欲和好奇心。他们潜在的无穷的智慧，那"沉睡的力量"正在萌动，时时期待着一触即可迸发。儿童是真正的美的精灵、智慧的精灵，他们是动态的、光亮的、发展着的。成人世界与之相比，几乎黯然失色。儿童的情感世界是纯真而炽热的，因为情、因为美、因为智、因为趣，他们幼小的心灵常常为之激荡不已。那是引导儿童去学习、去发展的最可贵的原动力。但是，在成人的眼里，对之往往是视而不见或不屑一顾的。儿童潜在的这些美好的天性、潜能被极大地忽略了。在情境教育中，儿童是至高无上的，是真正的学习的主体。而学习正是由认知的主体积极建构的，离开了主体的建构活动，就不可能有知识的产生。一切为了儿童的发展，为了正在成长中的活生生的人，这是情境教育的出发点和归宿。

儿童的天性与"真"、"美"、"情"、"思"密切相关，如何根据儿童的特点，"顺其天性而育之"，则是我们要思考的。必须明确，我们最终的目的是要使全体儿童获得全面的、充分的发展。因此，情境教育不仅要充分利用儿童已有的经验和其内心世界中种种促进他们成长的可贵的自然资源，还要通过新旧经验的互动建构，不断叠加、重组、融合、发展。这不仅是社会对他们的期待，也是儿童本身企盼的愿景。

儿童的这种天性，在不同的教育环境作用下，可能是千差万别的，有的很外露，有的则内隐。儿童的潜能具有极大的不确定性，有可能得到充分发展，也有可能被压抑泯灭。儿童的发展是在一定的情境中发生的，情境成为他们构建知识的不可缺少的资源和运用经验、运用知识的不可替代的现实场景。儿童正是在这种情境中去洞察、去感悟、去体验，也就是说儿童的潜能是要通过他们自身的活动，在与社会、与文化相互作用的情境中来得以发展的。情境教育则是通过情境的优化，唤起他们的情绪，让他们主动学习、主动发展。当儿童活动其间时，我们会看到儿童作为一个自由的生命体，在特定的情境中，和小伙伴、和老师之间因思维的积极碰撞与情绪的热烈交融而相互交织在一起，甚至进入一种沸腾的状态。这里有审美的、道德的、艺术的活动，也有理智的、科学的活动。在那个奔放的情境中，孩子迸发出智慧的火花，儿童的潜能和经验被激活，儿童的自然禀赋、自我意识、自主品质、自由人格得以展现，也使情境教育真正地走进了儿童的世界。

（二）知识——与情境相互依存

一直以来，人们始终觉得学校就是传授知识的一个专门场所。但学校所传授的是抽象的符号，儿童往往只是被动地一点一点地接纳知识，而对知识之间的联系、知识产生的背景儿童很难知晓。原本鲜活、有趣的知识成了单纯的抽象的符号，远离了儿童的生活，变得陌生、孤寂、冷落。再加以应试教育的种种弊端，儿童被压得喘不过气来，传统知识的传授对于儿童往往失去了积极的意义和价值。情境课程坚信知识与情境是相互依存的，任何知识都是在一定的情境中产生的，最终都要回到情境中去。儿童学习的知识更应该是情境性的。情境课程通过运用图画、音乐、表演、多媒体等直观手段与老师的语言描述来创设情境，将知识镶嵌在情境中。这是一种真实的、本真的情境，它让知识有根、有联系、有背景。情境课程促使学习者通过与环境互动去建构知识。我们不仅创设一种真实的生活的情境，还根据我们所吸纳的"意境说"的营养，创设一种想象的、审美化的具有真切感的情境，使情境更具有广度和深度。儿童作为一个主体，在这样的情境中所获得的知识不是一个一个的知识点、一个一个孤立的符号，而是圆融的、综合的、有声有色的、含蕴着审美和文化意韵的。

情境课程十分明确学习知识是为了实践、为了创新。情境教育强调"着眼发展，着力基础"，"从未来出发，从现在做起"，进行有序的系统的应用、操作。因此，情境课程对儿童知识结构的建构是开放的，可以带有一定的弹性，可以拓展，可以补充，儿童学习的内容往往超越文本。因此，情境课程十分注重儿童的创新、实践活动。实践是儿童认识的起点，知识只有通过实践才能真正掌握。简言之，运用知识的高境界就是为了创新。人类之所以能进步，就是运用知识在实践中创新。古今中外的一切发明创造都是人们运用知识在实践中发现、创新的结果。一方面，创新离不开实践丰厚的土壤；另一方面，没有创新，实践只能重复过去。我深感儿童的创新是幼小生命迸发出的最鲜活、最富灵性的智慧的火花。即使是瞬间的，也是灿烂的；即使是粗浅的，也是可贵的。作为老师该何等珍惜、珍爱。在儿童的认识活动中，创新提升了实践，生动的实践又激活了创新。因此，情境课程在教学过程中，让儿童在特定的情境中和热烈的情感驱动下进行创新实践，通过实体性现场操作、模拟性相似操作、符号性趣味操作来加强基础、促进发展，并通过实际应用来体验学习成功带来的快乐。

（三）社会——儿童知识建构不可替代的情境

知识是社会性的，儿童的知识建构必须联系社会实际，在与社会接触中，与他人互动，与环境互动，并在互动中学习。我们在20世纪80年代初期就开发了儿童的野外情境课程。从带领儿童走进大自然进而走向社会，让儿童去接触、去感受社会生活光明美好的一面。这对儿童认识周围世界、感悟社会生活起着奠基的作用。因此，情境课程形成了一个开放的系统，它致力于拓展儿童的生活和发展空间，向家庭、社会延伸开去。社会是儿童学习活动最广阔的课堂，是综合实践最生动的实验场。儿童学习的知识倘若远离社会，儿童的学习活动倘若隔绝于社会生活之外，便不可能真正地领悟知识的精要，也就失去了学习的真正意义和知识本身存在的价值。儿童学习是为了将来在社会上生存，在社会实践中运用知识，并在个体发展的同时推动社会的发展，或者是在推动社会发展的同时也发展自我。所以，社会是儿童知识建构的不可缺少的资源，是运用知识不可替代的现实情境。

情境课程充分利用环境、控制环境，让课堂学习内容与社会相联；通过多样性的课外教育活动，渲染学校欢乐向上的氛围；凭借主题性大单元教育活动进一步与社会相通。儿童则在其中感悟、观察、体验，在社会实践中把知识学活。学校还设定"教育周月节"，如二月的"爱书周"、三月的"学雷锋周"、六一节前夕的"爱生日"、十月的"爱国月"、"丰收节"、"童话节"等，让丰富多彩的活动将课堂与校园、家庭、社会横向融通，并且在相对固定的教育活动中，拓宽了教育空间，打破了学校与社会之间的藩篱，丰富了儿童的课堂感受以及知识建构的源泉，使这种与广阔的课堂、与最生动的文本密切相联的教育得到强化、持久，形成新的传统，产生了良好的教育效果。情境课程正是通过回归生活实践、与生活融为一体，不断挖掘生活本身取之不尽的课程资源，进而影响、引导、支撑着在其中生活与学习的儿童的发展。

三、从脑科学最新成果中找到理论支撑

儿童的学习与大脑息息相关，在儿童学习的过程中，大脑究竟有着怎样的奥秘呢？近十几年来，脑科学研究技术的不断创新、脑与神经认知科学的

飞速发展、脑科学研究成果的不断涌现，为情境教育提供了新的理论给养，脑科学的最新成果初步印证了情境课程之所以获得高效、儿童学得那么快乐的缘由。

1.儿童的脑是敏感的，需要一个丰富的、可以活动其中的环境

情境课程的独特之处在于通过人为创设情境或优选情境，为儿童创造一个最佳的学习环境。情境呈现美感，能使儿童产生愉悦感，进而主动投入学习活动。以前我只是从美学和心理学上认识到美能使人愉悦，现在脑科学的研究成果也证明了这一点，丰富的环境能让脑的感觉良好，良好感觉会使脑产生化学物质，使脑和身体内部信息的传递更顺畅。美国学者玛丽琳·斯普伦格（Marilee Sprenger）著的《脑的学习与记忆》和埃里克·詹森（Eric Jensen）著的《适于脑的教学》都指出"丰富的环境可以促进树突的生长"、"丰富的环境会使神经联结增多"。这是神经生理科学家们经过长期的研究，发现小白鼠的脑结构与人的非常相似，从小白鼠的大量实验中得出的结论。

两位学者还不约而同地提到音乐，认为"音乐是另外一种能够引起积极的化学物质释放的方法"，音乐会让人产生大量的类似吗啡的内啡肽，是一种使人产生愉悦感的化学物质。音乐的重要功能就是"可以激发脑的神经通路，使神经一直处于唤醒状态"。早在1980年，我就开始将音乐引进语文教学并有明显成效，这更让我恰到好处地以音乐去渲染情境，并已得到普遍的应用。情境课程正是运用美术、音乐、戏剧等这些艺术的手段创设生动的情境，连同优选的周围世界中美丽的大自然、社会生活中光明美好的情境，都从不同角度为儿童营造了一个丰富的学习环境。

脑科学最新研究成果指出："艺术的使用不仅仅是引发思考，甚至可以教人如何思考，并可以建立情感表达。"脑科学家们建议，"为了提高环境的丰富性，我们有必要再次证明一下艺术和活动融合到课堂中的有效性"。

可以说，一个没有环境布置的教室，仅仅配合以单一灌输式教育的时代已经过去了，脑科学已经强有力地证明，丰富的环境的确可以促进脑的发育，并提出建议，"让我们一起疯狂地丰富环境吧"。研究人员还通过一个实验得出结论："仅仅为学生提供丰富的环境是不够的，还需要让他们积极参与其中。"

情境课程不仅创设丰富的环境，而且还让儿童活动其中。不仅是主题性大单元情境课程、野外情境课程、过渡性情境课程让儿童充分活动其中，而且学科情境课程同样注重学生的活动。学科情境课程的本质特点就是在优化的情境中把学科内容与儿童活动结合起来，并明确提出以"儿童活动"为途径作为情境课程操作要义之一，因为儿童需要与环境发生互动。在情境课程中，不仅有观察、触摸的感知活动，有作为角色的协商、评价、争辩、报告等语言活动，还有模拟操作、实验等实践活动，让学生在其中充分感受、主动探究、体验情感。事实足以表明：情境课程创设的情境成为儿童学习的最佳环境。正如脑科学家玛利亚·戴尔蒙德（Marian Diamond）说的："当我们丰富了我们的环境时，我们的脑皮层也就加厚了，脑的树突增多了，成熟的神经棘（spins）增多了，细胞体也增大了。"

2. 儿童的脑是可塑的，需要不断提高神经元联结的频率

情境课程创设的情境或优选的情境仅仅是一种手段，提供一种凭借，以营造一种氛围，让知识镶嵌其中，而更有实质意义的是充分利用情境，唤醒、发展学生的潜能，让学生在其中进行一系列的思维、联想和想象活动。多少年来，我一直向往着、追求着，那就是我们的教学不仅使聪明的学生更聪明，而且要使不那么聪明的学生变得聪明起来。脑科学研究表明："人脑的杰作就是学习，学习可以改变脑。人类学习的最终成果是智力。"这些论述证明我所追求的目标是正确的。

　　儿童的脑是正在生长的脑，具有极大的可塑性。学习的发生是信息从一个神经元传递到另一个神经元。儿童是能轻易地形成联结的。脑科学家打了一个很生动的比喻，说在人的早期这种联结好比崎岖的小路；联结多了，就如同在高速公路上行驶。情境课程以"思"为核心，在具体的教育教学活动中通过创设问题情境，把思维活动与观察、想象、语言表述以及实际应用操作结合起来，不断地启发、鼓励儿童进行思维活动，提高思维活动的频率，并且拓展了广阔的思维空间，使儿童更易进入思考状态。情境课程始终将学科能力训练与发展思维相统一。在语文教学中结合词的训练，培养思维的准确性；引导运用修辞手法，丰富思维的形象性；通过篇章的训练，发展思维的有序性；在综合性的语言训练中，培养思维的灵活性和广阔性；通过想象性作文，发展思维的创造性。在数学教学中，把学习与思维敏捷性的训练结合起来，要求答题迅速而正确；在应用题的解答中，有意发展学生思维的求异性，要求一题多解；在公式的理解中，着重训练逻辑推理能力。总之，思维的发展在学科教学中得到落实。

　　情境教育的研究与实验所取得的令人满意的效果，从脑科学中得到证实："当一个神经元向另一个神经元传递信息时，学习就发生在神经产生联结之时"，"随着神经元不断地学习和应用信息，它们联结的频率会越来越高"，"神经网络频率也会变得越来越高，它的传递也越来越顺畅"。在整个情境课程的实验与研究的过程中，我们一以贯之地突出思维的发展，并且利用儿童进入情境后激起的情绪，引导儿童积极思维。这样，信号就能改变接受神经元的潜力，使它具有加速学习的潜能。而"神经元建立的联系越多，脑就越重"。这是因为信息通过神经元上的树突进入另一个神经元并不断产生联系的同时，不断地长出树突，使信息传递更加简洁、快捷。而情境课程实施的重要目的就是促进儿童的脑更好地发育。

3. 儿童的脑优先接受情绪性信号，积极的情感可使学习更高效

在情境课程为儿童创设的丰富的情境中，教师的启迪、激励和支撑使学生成为真正的主体活动其中。这种和谐的师生关系使丰富的情境更生动，充满教师之爱，充满人性之美。情境课程提出"把微笑带给学生"、"把情感带进教室"，这里没有谩骂、训斥，没有奚落和嘲讽。情境课程创设的情境不仅是丰富的，而且是最适宜儿童学习的，是令儿童感到安全的、没有压力的地方。在这里，脑能够产生大量重要的化学物质。老师肯定性的反馈、亲切的微笑和良好的师生关系都能引起 5-羟色胺、多巴胺、内啡肽神经递质的释放，使学生感觉良好。情境课程正是把儿童带入美的、丰富的情境中，帮助他们的脑产生有利于高效学习的化学物质。

"脑是依靠化学物质来运行的。"大多数研究者都将这种化学物质称为"神经递质"，它带着信息从一个神经元传递到另一个神经元。儿童内心的愉悦感和热烈的情绪，促使脑释放大量的神经递质。其中，多巴胺是一种有助于信息进入更高级的脑加工水平的化学物质；5-羟色胺有时候被称为"感觉良好"的神经递质，可使脑和身体内部的信息传递更加顺畅；大量的内啡肽可以让人产生愉悦感，被认为是脑的奖赏系统的一部分。所以，我们实验班的老师非常注重结合教材传递美好的情感。从上课开始，就高度关注来自儿童的情绪，并通过情境综合运用语言描述、实物演示、呈现画面、播放音乐或联系经验等手段。因为情境的美，因为教师的情，因为教师语言的调节引导，连同积极的反馈，儿童总能以积极而热烈的情绪参与学习活动。

这种积极的情绪很快被大脑接受，"情绪信息总是比其他信息优先得到加工"，使儿童的思维活动在最佳的情绪状态中进行。"积极情绪的参与是学习的关键"，"情绪记忆是最高效的记忆"。实际上，这正是我对情绪研究领域的三大发现：情绪的生理通路和优先性，情绪与化学物质，情绪与记忆的

理解和认识。可以说，没有什么比情绪与学习的联系更为紧密的了。

同时，我又联想到情境课程的暗示、移情、角色效应、心理场产生的"力"，从脑科学中同样得到支持。当我们创设的情境展现在儿童眼前时，便作为信息刺激儿童的大脑。通过脑的边缘系统和情绪联系，神经递质的释放和传递使儿童不知不觉地，甚至是情不自禁地接受了这种积极的情绪，情境中的场景、事件、角色给儿童留下了难以磨灭的印象。情绪智力对儿童在一生中取得的成就会产生影响。

以上所谈及的脑科学最新研究成果，让我产生顿悟：情境课程之所以会获得高效，是与情境课程丰富的、安全的又可以参与其中的环境，以及能激起积极情绪，使儿童的脑释放出大量的神经递质，提高神经元联结的频率，促进儿童的脑越用越聪明并打开记忆的通道、产生情绪记忆分不开的。经过30多年的探索，情境教育有效地促进了儿童的发展，也使我加深了对儿童、对教育本质的认识。目前正在进行的情境教育与儿童学习的研究，将深入剖析优化的情境在儿童的学习中所发挥的作用，以进一步揭开儿童学习的奥秘。

（原载《教育研究》2009年第3期）

情感：情境教育理论构建的命脉

【摘　要】儿童时期是一个人一生奠基的关键时期。30年来，我不懈地追求儿童发展的规律，初步构建了以儿童为主体的、自成体系的情境教育理论框架。情感，让我迈出情境教育的第一步。在此基础上，我提出了情感活动与认知活动结合起来的教育主张，构建了情感与认知结合获得教学高效能的课程范式。在回顾整理情境教学的探索历程中，我概括出情境教学促进儿童发展的"五要素"，构建了情境教育的基本模式和基本原理，并对情境课程进行了网络构建。回顾情境教育理论构架的历程，我的"爱"与儿童的"情"的交融，构成了情境教育理论构架的内核。"情"是教育的"魂"，是情境教育的命脉。

【关键词】情感；情境教育；五要素；基本模式；基本原理

儿童时期是一个人为一生奠基的关键时期，而儿童本人却不知其间的重要，作为他们的教师责任就格外重大，需要有良知和真挚的情感。50多年来，我一直在儿童中间，知儿童所需、所求，爱儿童所爱。内心世界的这一核心信念决定了我对小学教育，对儿童倾注着炽热的、始终不渝的情感。可以说，儿童是我的挚爱，是我心灵的寄托。对于神圣的教育，我虔诚相待。这种纯真的不可淡化的情感，使我在情境教育的探索与发展中时时、事事围绕着儿童去思量。其过程让我体验到探索者的情感会萌生驱动力和追求的方向。

为儿童着想，是我每天思考的内容。从目标到途径，从途径到方法，从整体到局部，以至每个细节都是为了儿童。这朴素的理念和思维方式，驱动着我不懈地去追求儿童发展的规律，但那是一个漫长的历程。历经 30 年之久，我终于初步构建了以儿童为主体的、自成体系的情境教育理论框架。情感贯穿其中、渗透其间，成为情境教育理论的命脉。

一、情感，让我迈出情境教育的第一步

30 多年前，在那令人难以忘却的文化浩劫后，改革的春风吹进了校园，但是语文教学的课堂像其他学科一样是封闭的，课堂远离了多彩的生活，切断了源头，符号与生活之间断裂了，没有源泉的语言、没有源泉的思维，必然是僵死的。

这使我终日沉浸在求索解决的方案、对策的思考中。困惑中，我联想到中国古代文论"意境说"。刘勰在《文心雕龙》中指出："情以物迁，辞以情发。"这八个字阐明了"物"、"情"、"辞"三者的关系，我顿觉豁然开朗："外物"、"情感"、"语辞"这三者对儿童语文学习恰是缺一不可的。

反复琢磨、思量后，我毅然带班上的孩子走出禁锢的课堂，走进周围世界，去感受客观外物的丰富和多姿多彩，挣脱了封闭式教学的束缚。观察中儿童表现出的兴奋的情绪、激起的强烈的表达欲望、生动的即兴描述的现实场景，让我感受到在美的情境中儿童情绪的热烈。

这种源自生活的真切的感受和画面，使儿童在书面表达中也跃动着他们纯真的情感，流露出了他们的爱、激动与欢愉。春夏秋冬、日月星辰、山川田野，多少个生动的现实场景，儿童一次次在其间表现的热烈情绪让我发现，儿童带着积极的情感学习语言，便能做到快快乐乐地学习、兴致勃勃地表达。我亲身体验到"情以物迁，辞以情发"揭示的客观外物与人的情感。

情感与语辞相互触发的联动关系，也让我设计出"观察情境说话、写话"、"观察情境作文"、"想象作文"等崭新的作文样式，从根本上改变了传统作文遵命而作的理念与教学方式。情感，使我终于迈出了情境教育的第一步。

二、提出"情感活动与认知活动结合"的教育主张

作为语文教师，我深深地懂得语文是人类优秀文化的重要组成部分。丰富的文化内涵决定了语文教学不能唯工具论，语文除了工具属性，更有文化属性。小学语文课本中的一篇篇语文课文都是作家思想与智慧的结晶，倾注了作家内心的情感。中国的文学创作历来讲究一个"情"字。"情者文之经"、"情动而辞发"、"为情造文"等在中国古代文论里早已阐明。

简言之，小学语文是有情之物，而我们的儿童又是有情之人。那么，在阅读教学中又怎么以文中之"情"激起儿童心中之"情"？又怎么通过文中"情"的熏陶、感染来丰富儿童的精神世界？突出一个"情"字，成了语文教学必须突破的瓶颈。

为此，我通过富有美感的艺术的手段与语言描绘相结合，再现课文描写的情境。经过实验，事实无可辩驳地表明，这种儿童喜闻乐见的形式，用"美"优化的情境极大地激发了儿童的情感。而一旦情感伴随儿童的学习活动，儿童学习的主动性就大增，学习变得趣味无穷。且这种心理让他们的思维处于最佳的状态，个个跃跃欲试，以学为乐，以思为乐。在这学习热情普遍高涨的课堂里，学习效能不断提高成为必然。于是，我首先研究激发儿童情感的起因，那就是动机的形成。我敏锐地关注教学现场，观察教学的动态发展，发现儿童会因好奇、因美感、因探究、因与经验相关、因情感共鸣等而产生学习与探究的动机。我将其过程进一步概括为：激起探究—引起满足—产生乐趣—形成内发性动机。如此保证了儿童在接触新课时萌生情感，

带着热烈的情绪主动地投入到教学活动中来。其间，情感成了纽带，在教师与学生、与教材之间生成了一股看不见的却蕴藏极大能量的"力"。于是我下决心将其过程细化，从初读课文—细读课文—精读课文的各个阶段，去把握整个教学过程中儿童情感生成变化的脉络。

教学的现实效果让我进一步去思考现象背后的实质。我通过众多的课例，结合自己的亲身经历，发现在初读、细读、精读课文的过程中，儿童一般都经历了由入情—动情—移情，以至在其间即时抒情的情感生成、发展的脉络和流程。

在大量的实践中，我目睹了课堂上情感伴随儿童的学习活动，儿童主动参与、主动发展，教学获得高效能的众多场景。在实践感受与理论感悟的双重作用下，我领悟儿童在这种热烈的内驱力推动下，为求知而乐，为探究而兴奋、激动的状态。在暗示的作用下，教学往往到达了一个比教学预期目标还要丰富得多、广阔得多的境界。"求知—满足"的平衡感又使儿童感到无穷的乐趣，得到一种精神的享受，同时又生成新的学习动机。

我终于概括出儿童情绪发展的过程，在优化的情境中，儿童经历了"关注—激起—移入—加深—弥散"这一连续的情绪从生成到发展的过程。由此，内心的主张日渐明晰、强烈：儿童有情，情感是动因；利用儿童情感，培养儿童情感。多年的积淀形成的飞跃，终于使我提出了情感活动与认知活动结合起来的教育主张，构建了情感与认知结合获得教学高效能的课程范式。

三、概括情境教学促进儿童发展的"五要素"

20世纪80年代初，实验班的学生快要毕业了。在情感与认知结合的课堂上的大量鲜活实例，沸腾的课堂上孩子们在其中饱满的精神状态，常常涌现在我的眼前，促使我不断地进行深层的思考：儿童发展的要素到底是什么？情境教学促进儿童发展的要素又是什么？对此我必须做出回答。情境教学是崭新的，是具有中国文化特色的。因此，它的概括应该具有自己的个性。情境教学一步步的发展，就是一次次反思的结果。回顾教学中自己的一次次精心设计、一个个鲜活的教学场景、孩子们一阵阵的欢声笑语，连同他们的一本本观察日记、习作，都鲜明地在我记忆的屏幕上复现。我审视着它们，极力从一个个案例中去搜寻相似的东西。我知道事物的现象是复杂的，是千差万别的，但是规律的东西都是简明的，因为它概括的是事物的共性。我懂得相似的集合就是规律。我不断地舍弃、提取，沉浸于"悟"的过程中。我用一年的时间回顾、整理过去五年情境教学的探索历程，终于概括出情境教学促进儿童发展的"五要素"，即以培养兴趣为前提，诱发主动性；以指导观察为基础，强化感受性；以发展思维为核心，着眼创造性；以激发情感为动因，渗透教育性；以训练语言为手段，贯穿实践性。不难看出，这"五要素"无论是"前提"、"基础"，还是"核心"、"动因"、"手段"，都是为了儿童的兴趣、儿童的感受、儿童的创造、儿童的情感、儿童的实践。

再对照小学其他各科教学，发现这"五要素"也一一适用。我琢磨着，反问自己：哪个学科不需要"诱发主动性"、"强化感受性"、"着眼创造性"，不需要"渗透教育性"、"贯穿实践性"呢？无一例外。由此，我得出结论："五要素"符合儿童的心理特点和发展规律，情境教学不仅仅适用于小学语文教学，也同样可以应用于整个小学教育，具有普遍意义。于是，情境教学便顺其自然地向情境教育拓展，在德育中提出"让道德情感驱动道德行为"，以"美"激"爱"，以"爱"导"行"；在数学学科同样强调数学与生活相通，引导儿童伴随着形象进行逻辑思维，通过数学家的创造、发展，感受数学的文化性，让儿童在数学美的愉悦感受中喜爱数学；在科学常识学科提出创设科学常识探究情境，让儿童感受科学的奇妙，培养儿童的科学精神和对科学的热爱。企求各科教学也能像语文教学一样，使儿童在优化的情境中儿童学得快乐，学得轻松，而且获得高效，为素质的全面发展开拓出一条有效的途径。若干年后，经过实验的验证和学术界的评述，我将促进儿童发展的"诱发主动性"、"强化感受性"、"着眼创造性"、"渗透教育性"和"贯穿实践性"这"五要素"确认为情境教育五大原则。

四、情境教育基本模式的构建

因为情境教育涉及多科，不仅需要不同学科的教师参与，而且需要大家协同动作，仿照一个共同的行动纲要，所以需要尽快地构建情境教育的基本模式。

首先，我依据马克思关于人的活动与环境相一致的哲学原理去构建。情境教育是为了儿童的，就必须为儿童拓宽成长空间。我深知，儿童是蕴藏着智慧和具有高级情感的生命体，成长空间的宽与窄、优与劣决定了他们是健壮还是脆弱。我想到生长在广袤大地上的能长到十七八米高、存活上百年的银杏树，倘若把它围在小小的花盆中，那它只能弯曲着身腰长到几十厘米。同样是银杏树，为什么差距如此之大？答案很简单，那就是成长空间的不同。儿童的成长更是如此。教育必须顺其天性而育之。我深情地想象着学校与社会、与大自然相联相通的情景，推想着儿童在优化的情境中获得审美享受和道德情感熏陶的场景。于是，"拓宽教育空间，提高教育的整体效应"成为情境教育基本模式的第一条。

接着，我又思考着在学校教育的空间里活动的人，那就是学生和教师。既然要拓宽儿童的成长空间，那空间就不仅是宽阔的，而且应该是宽松的，学习和活动在其间的教师和学生，就必然是亲和而快乐的。根据情境教育的特点，我设想通过创设一种"亲、助、和"的师生人际情境和"美、智、趣"的学习情境，缩短学生与教师、学生与教材之间的心理距离，促使儿童满怀积极的情绪主动投入到教育教学活动中来。于是，我创造性地提出情境教育基本模式的第二条："缩短心理距离，进入最佳情绪状态。"

进而我又想，师生亲和，但二者中谁是真正的主角？毫无疑问是学生。没有学生哪会有教师，归根结底，"教"是为了"学"。于是，"利用角色效应，增强主体意识"成为情境教育基本模式的第三条，成为情境教育体现儿童的主体性又深受儿童欢迎的崭新的重要策略。虽然自己处于探索性的研究中，但是情境教育的最终目标非常明确，"一切为了儿童发展，为了儿童的全面发展"。为了激发儿童潜在的求新本能，培养儿童的创新意识，作为儿童全面发展的侧重点和着力点，"创新"和"实践"成为情境教育基本模式的第四条。在情境教育基本模式的构建过程中，是我的儿童教育观主导着我内心世界情与智的交融，由此导引着我从儿童生活的空间、心理距离、主体、目标四方面较为科学地构建情境教育的基本模式。

五、情境教育基本原理的构建

在情境教育基本模式构建后的六年的光景里，我一直思量着情境教育的基本原理究竟是什么。这是对自我的挑战。事实上，作为教育实际工作者，我不可能在情境教育生成前已将基本原理先前一步建构。如果一切都在已知的领域，课题研究的意义就在意中，也就无创新可言。我只能从实践出发，一切真知来自实践，这是千真万确的。我仍然是中国式的感悟思维，从感性到理性去反思、去悟。在实践中，我追求的是在教育教学活动中，儿童不至于那么纯理性，而是在情感的驱动和召唤下，在不知不觉中，因为无意识心理作用而积极参与学习活动，以至沉浸其中而忘我。儿童在其间所处的地位，在我的思想里十分明确，那就是：儿童是主体，是主角，教师、教学手段、教学形式、教学方法都是为主体服务，促进主体的发展的。这一切都在优化的情境中发生、互动，进而得到整合、形成合力。我为儿童做的这些构想、这些希求，连同相关的措施、策略，在漫长的时间里浸润到具体的教育教学活动中，愿景渐成现实。于是当我回顾、感悟这一过程时，从真实的场景、事件，从儿童的情感世界和状态中，发现基本原理的雏形，其关键词也日益显现，以至清晰，蕴含其中、支撑其间。于是我一步步去揣摩，去做取舍，面对现象提升精华，终于经历了感性认识到理性认识的飞跃，概括出了情境教育的基本原理。其过程让我深感，正是一切发生在为了儿童的真情实感中，所以基本原理也表里一致地显现出一切从儿童出发、一切为了儿童的理念。其基本原理为：情感驱动原理、暗示倾向原理、角色转换原理、心理场整合原理。

我从以下几个方面对情境教育进行了理性思考。

（一）儿童在情感的驱动下主动积极地投入认知活动

儿童在对客观情境获得具体的感受时，会表现出一种积极的态度，在教师的持续关注中产生相应的情感，并在情感的驱动下，主动积极地投入学习活动。然后，学生的情感会不由自主地移入教学或教育情境中的相关对象上，并且随着情境的延续强化逐步加深。长此以往，最终情感的弥散渗透到儿童内心世界的各个方面，作为相对稳定的情感态度和价值取向逐渐内化、融入儿童的个性之中。

这种人为优化的情境贴近儿童，对于处于人生早期和感受最敏感时期的儿童来说，不仅仅是满意、愉悦，而且是几乎不假思索地接受了。这种情感活动与认知活动的结合过程，在优化的情境中是普遍发生的，而且在不同学科和不同年级延续、反复、发展，对儿童的心灵必然产生潜移默化的作用。儿童的审美情感、道德情感和理智情感受到了很好的陶冶。"情感驱动"为情境教育的第一原理。

（二）情境暗示对儿童心理及行为产生的影响

为优化情境，针对儿童特点，我利用图画、音乐、表演等艺术的直观，或运用现实生活的典型场景，直接诉诸儿童的感官。这些处于边缘的形象、色彩、音响、节奏、语言等信息和符号，因为暗示的作用都可以被儿童直接吸收。而这些信息又是有机地相互联系着的，从而构成一个协同动作的整体作用于儿童感官，能强化信号。因此，当儿童进入这样的情境时，很快就会产生强烈的情绪，形成无意识的心理倾向，情不自禁地投入教育教学活动中，并表露出内心的愉悦与主动，从而迅速地对学习焦点的变化做出反应。情境教育形真、情切、意远、理寓其中的特点，无不显示了情境教育特定的环境对儿童的心理倾向发生了作用。按照洛扎诺夫的理论，"凡是影响心理的都是暗示"，而每个儿童身上天然存在着接受暗示的能力。这种主客观的一致性，表明情境教育的暗示倾向原理在教育教学活动中运用的有效性和普遍性。

（三）让儿童由被动角色转变为主动参与的角色

根据教学的需要，让儿童扮演角色、担当角色，是儿童喜闻乐见的创设情境的有效途径之一。

通过角色的扮演、角色的对白、角色的情感交流，教材中原有的逻辑的、抽象的、符号化了的内容变得现实化、形象化。角色转换使儿童作为一个活生生的人，在角色意识的驱动下，充分地投入，全面地活动起来。与此同时，角色扮演的热烈的情绪渲染了整个学习情境，不仅是扮演者，全体学生都在无意识作用下不知不觉地进入了角色，最深切、最生动地经历了角色的心理活动过程。儿童的身心很自然地移入所扮演、所担当的角色中。于是，自己仿佛成了那个角色，更深地体验到了角色的语言、行为。这种"有我之境"可产生一种巨大的无形的导引效应。教育教学活动随着角色活动进入沸腾状态，儿童由习惯上的教学过程中等待接纳的被动角色，转变为积极参与的主动角色，从而积极思维，进行相关符号操作和模拟操作等实践活动。

（四）心理场满足儿童的心理需求会产生一种"力"

人为优化的教育情境不再是一个自然状态下的学习环境，而是富有教育内涵、富有美感而又充满智慧和儿童情趣的生活空间。情境中丰富形象的感染、真切情感的体验、潜在智慧的启迪，使儿童得到一种满足。当这种心理需求得到满足时带来的愉悦，更从情境整体上体现出情感产生了向着教育教学目标推进的"力"。这种人为优化的情境，其力度、真切感和美感，都足以影响儿童的心理世界。儿童的学习主动性得到充分调动，潜在智慧的发展也获得了最佳的场合。儿童的顿悟加速产生，不断改变认知结构和心理结构，因而使不增加负担、不受强制而能自主学习、自我教育的理想境界得以实现。

基本原理虽从四方面概括，但"暗示倾向"、"角色转换"和"心理场整合"都是与情感的生成、激起互为联系、互为作用的，"情感驱动"成为情境教育基本原理中起着支撑作用的主心骨。

六、情境课程网络的构建

当情境教学发展到情境教育并探索出一条促进儿童素质全面发展的途径之后，我的愿景就是情境教育能被更多教师运用，最终让更多的儿童享用。

于是，我很自然地想到课程，企求通过课程促使情境教育走向大众化。

我很自觉地回顾反思，梳理归纳从情境教学到情境教育（1978—1996 年）探索发展的 18 年间，为了儿童发展的需求所进行的一次次局部的课程改革。

与此同时，纵观世界课程改革的大变革、众多课程流派的现状及其发展趋势，更觉以儿童发展为主旨、以情感为命脉的情境课程主张，与西方新兴的以情境为中心的课程设计理论有着异曲同工之处，同时又有着我们民族的"重形象、重情感、重审美、重感悟"的独特的文化意韵和智慧。这使我坚定了进行情境课程开发与构建的意愿，以积极回应国际与国内课程改革的呼唤。

关于情境课程的开发与研究，可以说是贯穿在情境教育探索的过程中的。实验班第一年，随着野外活动的开展，我设置了野外活动课程；实验第二轮发现低幼之间的坡度太陡，于是开设了幼小衔接的过渡课；在这一轮实验中，不仅继续情境教学的实验，还从教学内容结构的优化着手，提出了"识字、阅读、作文"三线同时起步，到中高年级则以"四结合"主题性大单元教学来强化。以上这一个个局部的课程改革，由于教学效果显著，一直持续下去，并在实践中不断充实完善。这就从实践层面上奠定了野外情境课程、过渡性情境课程、主题性大单元情境课程的基础。我从语文情境教学向各科拓展后的大量实践与研究和这些课程的功效及其在初等教育中的地位，进一步明确提出了"核心领域的学科情境课程"、"综合领域的主题性大单元情境课程"、"源泉领域的野外情境课程"、"衔接领域的过渡性情境课程"四大板块。这让我感悟到教育创新来自实践，而实践中的研究则从根本上体现其理论建树的价值。

由于实验与研究都发生在教育教学的真实中，其创意与动机都是来自探索者心灵与儿童教育现实的碰撞，来自一切为了儿童发展的情感世界。当付诸实践后，其现场的反馈又是探索者亲眼所见、亲耳所闻、亲身经历，真真切切，探索者不时地为儿童在其间显现的兴奋、快乐而欲罢不能，以至欣喜无限。因此，在这原创的、本真的实践与探索中，只需要去粗取精，而无须雕琢、装饰和彰显。因为理论的概括必须与探索中的真实相吻合，才能真正闪现教育科学的光亮。

作为探索者的我，基于通过课程让情境教育走向大众化的初衷，在课程理论的架构中，首先追求的不是理论建树，而是让更多的教师能操作实施，以至完善发展。因此，我对情境课程的阐述侧重的是它的实质和实施的原则及策略。

1. 学科情境课程

因为知识是由儿童自己去建构，所以必须保证教学过程中儿童的主体地位。儿童怎么成为主体，怎么保证？被动的接纳成不了主体。因此，学科情境课程根据教材特点创设和渲染一种优美的、智慧的、让儿童感到特别亲切、富有儿童情趣的情境，使知识镶嵌在情境中，让知识与情境相互依存，儿童与情境互动。我明确提出将"学科课程与儿童活动结合起来"的主张。让儿童在积极的学习情绪中，通过自己的活动，感受、探究、体验、发现、表达和操作。这些学科的系列活动不仅使儿童在课堂上的主体地位得到保证，而且为新课程改革强调的儿童主体性的基本理念找到了一个普遍适用的而又确实有效的途径。这样，发展儿童的潜能才成为可能。

2. 主题性大单元情境课程

这一课程来自语文的单元教学的启示。其设置的思路是顺应叶圣陶先生那个时代追求的和当代世界课程改革的大趋势——让课程走向综合。用叶老的话说，教育的最后目标是"使分立的课程所发生的影响纠结在一块儿"。儿童本身是一个整体，为了儿童的整体和谐发展，课程的综合化是必由之路。而主题性大单元情境课程则为此找准了一个突破口。我提出以德育为主导，以语文学科为龙头，各科协同，使教育围绕主题形成合力。在主题的导向下，各学科协调动作、相互迁移，充分利用教育教学内容中的"相似块"，将其集合在一起，使有限的教育教学活动，在深度、密度上得以拓展，加大教育的力度，保证儿童从多学科、多场景、多角色中有更多的获益，强化了教育的效果。

3. 过渡性情境课程

过渡课程的目的就是减小幼小之间的坡度，使儿童顺利适应新的学习环境，进而喜爱小学生活。在教学内容及形式上提出"在生动的情境中既接近幼儿园又高于幼儿园"的教学总要求。其具体策略便是"室内短课与室外观察相结合"，并将其作为过渡课期间儿童学习生活的原则。

4. 野外情境课程

把学生带到智慧的源泉中去，让儿童直接吮吸到大自然赐予他们的最珍贵的精华和甘露，这是无可替代的课程资源。儿童本身就是大自然的骄子，大自然是儿童成长的摇篮。开放式地储存信息，正是对儿童心灵的塑造和润泽。野外教育的实质，不仅仅是教育时空、处所的改变，更重要的是通过野外教育，推倒了传统教育中学校教育与现实生活隔绝的一堵坚固的墙体，开掘了儿童符号学习与鲜活世界的通道，其意义并不一般。从儿童未来思考，他们必须走向社会，社会不能永远是他们陌生的客体，他们必须从小就逐步走近它、了解它，日后才可适应社会，为社会做出贡献。

从课堂上学科内容与活动的融合，到打破学科界限，走出课堂，实行大单元联动，再到走出学校，走向广阔的天地间获取源泉，加上低幼衔接的过渡课，儿童作为活动主体的系列性创新实践，在情境课程中得到体现和落实。

综上所述，回顾以儿童为主体的情境教育理论的构建，经历了从 1982

年对"五要素"的概括，到21世纪初情境课程以"美"为境界、以"情"为纽带、以"思"为核心、以"儿童活动"为途径、以"周围世界"为源泉的五大操作要义的提出，及至2008年较为系统地从"意境说"中获取理论滋养，进一步对情境教育的特质进行阐述，且又从脑科学的最新研究成果论证情境教育获得高效的科学依据等系列的理论构架。虽经30年的艰苦探究，但仍然有很多需要填补和发展的空间。

我深深体悟到，无论是教师还是学生，情能启智，爱能产生智慧，这是不争的事实。因为爱，因为情，关于儿童和情境教育的许多概念、元素、策略、因果的推论，在探索者的思维空间中变得灵动而流畅。许多思想的萌发、形成，连同设计常常是在内心情感的涌动中产生，连同许多细节都会思量到，而不至忽略，及至诸如"基础与发展"、"情感与认知"、"主导与主体"、"活与实"等看似一对对矛盾，都是因为考虑儿童发展的多侧面、多元化而未顾此失彼。我恰如其分地提出了"着眼发展、着力基础"，"主导体现主体"，"无意识导引有意识"，"情感与认知结合"、"以活促实"、"实中见活"；提出情境教育的四大特点，既要求"形真"，又讲究"意远"，既突出"情切"，又强调"理寓其中"。所有这一切都是采取兼容的学术态度，使情境教育蕴含了朴素的哲学意味。这在我个人的探索中，几乎是一种自我超越，使情境教育日益追求教育的高境界。情境教育整个探索发展的过程，给我的一个最大的启示就是：为儿童研究儿童，依循儿童天性研究儿童，易于找到规律。这正是我作为一名教育实际工作者探索的情境教育，能一步步顺利向前发展，并一步步进行理论构架的奥秘所在。从某种意义上说，情境教育的探索历程也是自己心灵的写照。

回顾情境教育理论构建的历程，其内核是我的"爱"与儿童的"情"的交融。爱，让我珍视儿童的情感，并依循儿童情感的跃动努力把握儿童情感的生成、发展的脉络，从而利用儿童的情感激发他们的潜能，在其间又培养儿童的情感，让他们成长为具有道德情感、审美情趣的好苗苗。

　　一字以蔽之，即可贵的"情"、纯真的"情"。"情"是教育的魂，是情境教育的命脉。

（原载《教育研究》2011 年第 7 期）

学习科学与儿童情境学习

——快乐、高效课堂的教学设计

【摘　要】儿童全面和谐的发展是情境学习矢志不移的宗旨。情境学习多年来在学习科学引领下，窥视到儿童学习秘密的黑箱之一角。针对儿童学习知识的复杂、学习过程的不确定、学习系统的开放以及学习催发儿童潜能的不易，以"利用艺术之美"、"情感生成之力"、"凭借儿童活动"、"发展想象、培养创造力"为对策，进行教学设计。让儿童在与老师与伙伴的互动中、与世界、与生活相联中学习知识，为他们的学习提供丰富给养的有力支撑，营造了最佳的学习环境——一个"愉悦的"、"丰富的"、"安全的"，"且可以活动其中的环境"，使教学设计更具科学性，更具创造性。这就从根本上保证了课堂的快乐、高效。

【关键词】学习科学；儿童；情境学习；教学设计

半个多世纪，我从所亲历和目睹的课堂实况，深深认识到课堂是否能让儿童学得快乐、获得高效，直接影响着教育的质量，影响着儿童的发展，关系着国家人才的质量。这绝非夸大其词。面对小学生不堪课业重负、影响身心发展的现状，我常为此焦虑。作为教师，每天都要走进课堂，我们理所当然地要为儿童构造快乐、高效的课堂，重要的前提便是教师要做好教学设计。

这些年来，教学设计在国际上已发展成为各类设计工程中的一个新的领域。教学设计的国际观及对其理论、研究、模型、规划与进程的新的阐释，给我和我们团队的教师很多启示。尤其是在学习科学的引领下，儿童情境学习加速了发展，初步形成了快乐、高效情境学习的范式。

结合 30 多年为儿童学习所做的艰辛探索与潜心研究，回顾、反思自己上的课以及参加的教师们的教学设计，略述从中获得的体验及感悟。

一、学习知识的复杂性——整合知识，选择最佳途径设计情境

学习知识对于儿童并非轻而易举之事，具有一定的复杂性。因为知识并不是孤立存在的，也不是人们习惯上认为的一个一个的知识点。学习科学阐明，每一个知识点都是以结构的状态相互联系地处于一定的系统中，而且是一个动态的发展的系统。儿童的阅历浅、经验少，学习知识又必须与社会、与经验相连，还得经过自身的建构过程，这多方面的因素决定了儿童学习知识具有复杂性和较大的难度。教学设计如何化难为易，化抽象为具象，化单一为与事件关联呢？我们的策略是：整合知识，选择最佳途径，设计生动的学习情境。为学习者提供最佳的学习环境，是首要之举。

（一）利用经验设计情境

知识是在一定的情境中发生的。学习科学特别指出，儿童根据自己已有的知识形成的经验，对他们学习新知识具有支持性。因此，设计的情境首先要有意识地与儿童经验相联，通过情境达到整合知识的目的，使知识镶嵌在生动的情境之中。这样，儿童获得的知识是有背景的、相互联系的，是可以体验、可以感悟、可以周转应用的；而不是僵化的、黯淡的、只会背不会用的惰性知识。

例如，一年级教材中的唐诗《春晓》，虽然只有四行，但在结构上运用

了倒叙的手法，这对于一年级的学生来说，显然是有难度的，教师在教学时需精心设计。

我让全体学生担当"诗人"，按照儿童生活经验中的时间顺序，体验诗人写诗前所经历的情境。再通过导语设计，一步步把学生带入情境——"夜深了，诗人读书睡着了。""半夜里，诗人被风雨声惊醒了。""听着，听着，你又睡着了。"这样利用儿童生活经验，让他们担当角色，为诗歌内容结构的理解做了必要的铺垫。(播放鸟鸣录音)"清晨，你听到一阵阵鸟鸣声，你便吟起诗来，你先吟了哪两句？""你忽然想起昨天半夜里风吹雨打的情景，你又吟了哪两句呀！""小诗人"伴随着积极的情绪争先吟起诗来，仿佛诗句真是他们自己作出来的。热烈的情绪渲染了整个学习情境，全体学生都在无意识作用下情不自禁进入了角色，很快就学懂了全诗，而且特别快活。儿童学习不仅要快乐，还要高效；含蕴着的知识不仅要学得活，还要学得扎实。

于是，乘着学生的兴致，进一步设计落实诗中关键字眼的语意，并让学生从语意记住它们的偏旁。

这样，利用儿童经验创设情境，让儿童在语境中学词，诗中的字眼可以顺其自然地得到整合，儿童获取的知识便是相互联系的，与自己储存的信息相融合。情境中呈现的背景、事件，都给儿童留下了很深的印象，而整合的知识往往具备了较强的解决问题的功能和迁移能力。音、体、美学科的情境学习同样要求把知识、技能的训练镶嵌在情境中，且从中萌生出许多学习的乐趣。

（二）利用艺术设计情境

情境学习的课堂呈现美感，显出特有的魅力。那怎么优选途径设计情境呢？对于儿童来说，其要素就是三个字，即"美、智、趣"。而艺术恰是最理想的。图画、音乐、戏剧、角色表演这些艺术的活动都是受儿童普遍欢迎且是儿童乐于参加、投入其中的。概括地说，情境学习便是利用艺术的直观与教师的语言描绘相结合，创设与教材相关的优化的情境，给学生以美的享受，使教学变得有情、有趣。

对于小学低年级，别小看教材内容简单，越是年级低，越是要精心设计。优质的设计，首先基于设计者准确地把握教材，利用"视像"和想象走进教材的情境。

一年级的《小小的船》四行儿童诗，我早已熟读在心，设计前我仍然反复品读诗作。这首小诗从眼前的实景到幻想中坐上月亮的虚境，这结构上的跨度、语言的跳跃，寄托了诗人期盼孩子们飞上月球、探索天体奥秘的意愿。这是诗中精彩之处，也是难点所在，必须要很好地把握。我体验着诗中的情感，带着想象去设计。

我选择了图画、音乐、担当角色多样化的艺术手段与语言描绘相结合的途径，把学生带入"飞上蓝天"、"坐上小船"的情境中。我设计了生动的导语："现在你就坐在院子里，圆圆的月亮正望着你……"伴随着《小小的船》充满幻想的曲子，小朋友们都听得入了神、入了境，真的眯上了眼睛，显得十分甜美。

在音乐的渲染中，眼前的画面、导语的指向整合在一起，诱发和强化了儿童想飞上月亮的愿望，激起他们的想象。课堂生成让我兴奋不已："老师，我飞上去了！""我也飞上去了！""我觉得身子变轻了！""我好像腿变长了！"……这让我感到他们是真的上了月亮。乘着学生热烈的情绪即时进行规范的语言训练，使课既活又实。

从这一设计的片段中，图像、空间、音响、语言都整合在了"我飞上天了，坐在月亮上"的事件中。由于有事件，儿童很快地接受了，因为大脑特别擅长事件的记忆。加之音乐、图画，美生成内心的愉悦感，使大脑分泌出大量的神经递质，加快了信息在神经元间的传递，学生处于兴奋状态，提高了脑的功能。即使在数学学科也要体现数学的审美性和文化性。课堂上经常地运用艺术手段，儿童还可从中获得审美感受，幼小的心灵得到润泽，从而促使儿童的个性在甜美中得到生动活泼的发展，小小的生命体同样显现出多元的色彩。

艺术心理学告诉我们，艺术具有唤情的作用，可以唤起和满足人的情感。情境学习利用艺术的美，让课堂在美的魅力诱导下，使儿童快快乐乐地学习着。一个个案例获得成功，鼓舞着我们加速研究的深入，从理论建构上进一步提出情境学习以"美"为境界，后又提出以"美"育人的策略。

二、学习过程的不确定性——以情激智，唤起持久投入的内驱力

学习过程中，学习内容的变化、作为学习者的儿童之间的差异、学习者个体本身情绪的不稳定，决定了在即时的学习情境中，教师与学生以及学生之间的对话难免会发生碰撞甚至冲突。加之教师在儿童学习过程中瞬间产生的反思，教育智慧即时的发挥和顿悟，随机应对与引导等，决定了这种变化中的学习过程必然是动态的，儿童也随之浸润在一个不确定的学习过程中。

我们在根据儿童学习过程的不确定性预设对策的同时，必须看到积极的方面，那就是教学的基本原理是不变的，那是规律的揭示，是教学的真谛。而且，儿童的学习行为及学习情绪也是可以预见的，可以从学习过程中线性的因果规律去把握。我们的教学设计只要充分把握教学原理，珍视教育现场中可能出现的良性现象，并由此拓展开去，"以不变应万变"，以确定的干预获得确定结果。正因为如此，教学设计也才有它的现实积极意义和价值。简言之，我们的策略是以教学原理不变的稳定性抗衡学习过程的不确定性，来

把握儿童的动态的认知过程。情境教育孕育的儿童快乐、高效学习的范式，把"儿童的情感活动与认知活动结合起来"作为情境学习教学设计的基本原则。学习科学亦明确指出，这二者的结合正是"儿童学习的核心"。[1]

（一）满足需求，形成驱动

传统的灌输式教学，脱离儿童的经验，把课堂与周围世界的联系切断，舍去教材的情境，采用单纯的符号式的讲解，违背了儿童学习应该遵循的规律，很难激起学习的积极情绪，儿童难以产生学习动机。

积极情绪的参与恰恰是主动学习的关键。情境学习的教学设计正是以儿童为中心，首先考虑的是如何激起儿童的学习需求，使儿童形成学习动机。例如，《海底世界》是一篇三年级的常识性课文，没有角色，也没有情节。我便将课文情境化、拟人化，把知识镶嵌在相关的情境之中，根据教材的内容与结构层次，针对儿童的好奇心，设计了实地考察、查阅资料、运用现代化仪器、收集标本、展览汇报等模拟的且具有普遍应用性的系列情境，把知识与真实世界联系起来，把海底世界作为儿童探究的对象。儿童成为探究知识的主角，学习成为儿童的主观需求，儿童便会主动投入学习过程。

在设计的情境中，教师是海洋研究所的所长，学生是研究员。设计导语："为了研究一个事物，常常需要到实地考察。为了了解海底的世界，现在让我们潜入大海……"情境的真实感，担当角色的新异感、自尊感以及即时的体验，促使学生带着想象学习课文，诱发他们在探究中自己去发现景象的奇异，进而自己提出问题。

当时有学生激动得把铅笔盒竖起来当作对讲机："报告所长，我是阿波罗一号，我在海底 500 米深处发现点点星光，请问所长这是什么现象？""潜水员们"一个个争着报告观察所得，如同身处大海深处实地考察的情境中。

可见儿童当时内心的激动和思维活跃的程度。提出问题后，又让儿童自己查阅、检索资料。这样，从学习形式到学习内容都使情境学习具备丰富性。情境学习的教学设计总是设法引导儿童自己去看、去倾听，即便是"仿佛看到了"、"仿佛听到了"也同样是真切的。

这样设计的情境与儿童的学习方式、思维方式、交往方式等方面的特征，与真实世界是相协调的，这就决定了情境学习的合理性、创造性。作为情境学习的设计者要有广阔的思维空间，用放大的视野看世界，才能高屋建瓴。

心理场的理论告诉我们，当学习活动成为儿童主观需求时，必然会产生向着教学目标的内驱力；而且，教学内容的多元组合"丰富性中的力量就会显示出来"[2]。这些"力"都十分可贵，它必然会驱动着、导引着学习者积极参与，并勃发出很高的自主性和能动性，使不确定的学习过程变得顺理成章、水到渠成。从某种意义上讲，学习是由预想的结果所决定的。

（二）把握情感脉络，推进学习过程

情境学习运用艺术的直观创设情境。儿童进入情境感受到的美，唤起了儿童的情感，使儿童从学习中获得了愉悦的满足。我也无数次目睹儿童热烈的学习情绪、情感推动着的学习活动现场，积极情感的驱动可以帮助学生逾越障碍，可以预防、抵御不良情绪的产生，消除瞬间的涣散。于是，教师的主导与学生的主动便会融合起来。

儿童是富有情感的小小生命体，他们的情感易于被激起、可以连续、不会戛然而止，关键是教师的课前设计、课上引导要通过把握好儿童情感的脉络，推进学习过程。

例如，在《凡卡》一文的教学中，导语设计以优美的文学语言渲染了一种凄美的气氛，儿童不禁生情。儿童的情感是在认识事物、认识人物的过程

中产生、发展的。因此，根据小说情节的发展，为了突出主人公的形象，我设计了系列的连续的情境，播放悲凉的轻音乐，让儿童走进小说描写的情境，唤起儿童的情感体验，促使儿童的情感一步步发展起来。

让学生担当目睹者，结合插图，通过联想与想象出现的"视像"，仿佛亲眼看到了凡卡正流着眼泪偷偷地给爷爷写信的情景。接着，又让学生运用第一人称讲述凡卡所受的折磨。由于人称的改变，凡卡就成了"我"，孩子们读着、讲着，体验到凡卡孤独的处境与哀伤的心情，幼小的心灵被打动了，他们深情地朗读着，祈求着爷爷，仿佛自己就是凡卡在呼唤着爷爷，忍不住流下了眼泪。显然，孩子的情感已经移入到凡卡身上……

由此，儿童一步步走进小说中的情境，体验情境，由入情—动情—移情，进而抒情，在课堂上孩子们就急切提出："凡卡的这封信爷爷能收到吗？结果会是怎样呢？"进而又做了种种猜想，展开了生动的描述。

情境学习过程中课堂上群体形成的这种热烈的情绪、真切的情感，渲染了积极学习的氛围，引起学生普遍的内心激动，这正是保证教学过程顺利推进的宝贵的环境。学习科学强调指出："学习是高度地受所发生情境调节的。"情感在各种层面运作上具有连续性。在思想品德课的设计思路中，我们也鲜明提出以"美"激"爱"、以"爱"导"行"，把握儿童情感的脉络，珍惜儿童学习的积极情感，引导儿童产生持续的学习动机，使整个学习过程一步步在满足儿童的主观需求中进行。这种热切的学习主动性，使儿童顺其自然地投入教学过程。脑科学指出："只有情绪才能为我们提供足够多的热情来达到目标"[3]，"情绪信息总是比其他信息优先得到加工"[4]，且留下的情绪记忆难以磨灭。这就从脑的活动，保证了情境学习的高效能。

从我们的一个个实验班、一批批学生的表现，可以清晰地看到：情境学习的教学设计引导儿童进入情境、体验情境、想象情境、构架情境，有效地培养了儿童的审美情感和道德情感。这种高级的情感是人的灵魂。其实，人一定是在其生命的早期，即个性、价值观尚未形成时就逐渐感受到知识之美、世界之美，在懵懂中依稀懂得"爱美"、"乐善"、"求真"多么好，进而成为洋溢着生命情感的个体，甚至自觉不自觉地把自己的情感移入大自然、移入生活、移入他人，为从小培养卓越的素养做了有效的铺垫，在持续的耳濡目染、一点点积淀中成长起来。这正是我们对教育的最美好的憧憬。因此，在这里我想强调儿童的学习绝不是也不可能是单纯的知识学习，其间一定蕴含着人文熏陶，从而丰富儿童的精神世界。情境学习的教学设计的出发点就是为儿童营造最佳的学习环境，使其主动投入学习活动，身心获得全面的发展。

三、学习系统的开放性——连接生活，凭借活动历练实践才干

知识本源的社会性、建构性以及情境性等方面都决定了学习系统的开放性。尤其是当今社会，新知识层出不穷地向我们涌来，学习系统更是进一步开放。因此，如果我们用封闭的方式教给学生知识，则显然不符合知识的本质特征，与儿童学习知识的规律背道而驰。所以，学习科学始终强调学习活动是人与世界的互动。

基于学习发生在一个多元的情境中，情境学习主张课堂学习与生活连接，提出把学科课程与儿童活动结合起来的具体策略。通过儿童的持久的系列活动来历练实践才干。事实上，儿童生命的历程始终贯穿着自身的活动，课堂设计的教学活动更要以培养儿童的学习力作为教学的中心，连同情境德育也要设计成儿童主动参与的活动，而非说教，引领儿童充分地活动起来。

（一）建构知识

传统教育在教学过程中往往忽略知识的建构性。课堂开放了，还必须通

过学生自己建构知识，那就要学生亲自介入、参与，热情地投入其中，其最重要的、无可替代的途径就是活动。

教材是学校课程实施的重要凭借，学科教材是人类优秀文化的再现，从某种意义上来讲，教材记录了人类智慧的结晶，传承着人类的文化价值，包容着丰富的系统知识。因此，在课程中设计儿童的活动，切忌将教材搁置一边，忽略它的重要功能，为活动而活动。课堂上儿童的活动必须根据教材特点，以教学目标、教材内容为依据进行设计，让儿童在优化的情境中建构知识，把知识学活、学扎实。

课堂设计的活动引起儿童在已有知识的基础上建构知识，他们关注的新知识以及提出的问题，会形成建构知识的推动力，让学生感受到知识产生的情境，找到知识的根，感受知识的文化意蕴。记得我和数学教师一起讨论设计平行四边形面积的计算一课时，我们以开放的理念，打破了传统的从复习长方形面积的计算公式，再经过教师的演示、讲解，把平行四边形的计算公式教给学生的套路，把学生带到知识产生的历史情境中，有意识地让儿童自己去发现知识。

设计的情境以叙事的形式导入，并以简笔画勾勒了古代老农的小屋和小屋前的一块平行四边形的地，把学生带到平行四边形面积计算公式还未发现的那个年代。"现在你们来担当古代小小数学家，看谁能破解这个难题。"教师再从数学史的角度告诉学生，"人类发现长方形面积计算公式以后，只用了不多的年月就发现了平行四边形面积的计算公式"，暗示两种图形面积计算之间相连的逻辑关系。

学生进入这样的情境中，自己是"小小数学家"，手上都拿着同样面积的长方形和平行四边形，在古典音乐的伴随下专心地端详着、思考着、比对着，试着切割、协商交流着，在各自的观察、分析、思考中建构知识。片刻后，便接二连三地有学生兴奋地报告：我知道可以用计算长方形面积的公式来计算平行四边形的面积。"小小数学家"破解了难题，公式由他们自己发现了，然后再进行现场测量计算。这与学习科学提出的让学生自己去发现或创造的观点相吻合。"小小数学家"们兴奋不已，仿佛人格也提升了，颇具成就感，学习兴趣倍增。

（二）模拟操作

学科课程与儿童活动结合，以活动推进教学过程，这就摒弃了传统课堂的许多无效的陈规老套，突出了在应用中理解知识、在应用中学会应用知识。事实上，知识只有在解决问题中被灵活运用才是有价值的。在情境教学中，无论是语文还是数学，我们常常带领学生走进生活，走向野外。在这些非正式学习的模拟操作中，将知识与世界相联，极大地提高了学生运用知识的实践能力。

课堂的模拟操作，模仿生活中的人物、劳动的场景都似曾相识，与大脑中储存的图像具有相似性。儿童不仅感到特别亲切，而且又可亲自动手、动脑，角色扮演又往往颇具游戏精神，使儿童在互动中历练技能、技巧，对儿童具有很强的诱惑力。所以，模拟操作对儿童来说是形式特别生动的有意义的知识学习。

再如《认识三角形》一课，我们的设计突出以儿童为中心，展开一系列的学科活动。其中引导学生交流在生活中发现的多种三角形，为理解三角形具有稳定性的特质获得了大量的感性材料。随后引导学生进行实践操作，让学生做小木匠，设计怎么利用三角形的原理修好一把摇晃的椅子。当"小木匠"叮叮当当把木条钉在椅子拐角构成三角形、小木椅就稳稳地站在课桌上时，学生开心得鼓起掌来。知识在实践中得到运用，学生乐不可支。此时，课堂的热烈氛围激发了学生的思维活动，有学生提出："我们还发现了三角形的小红旗和三角形的蛋糕，这并不能表示三角形的稳定性，那又有什么功能？"于是，全班学生讨论，增加了三角形还有节约材料、增强美感的功能。学生自己得出的结论丰富了教材，这充分表明课堂与生活连接有效地历练了学生的实践才干。这是封闭式的教学想也想不到的场景。学生的模拟操作更为直接地将课堂学习进一步与生活连接起来，世界变大了，知识走近了，才能产生体悟。其实质就是"做"，就是"用"，可谓"笃行之"。学的本领会用了，儿童顿觉自己能干了，长大了，享受到了学习的快乐。

（三）对话共进

学习科学指出，人们对世界的认识和理解，总是不得不受个人视域的限制，所以现代社会需要共同体，需要协商。为了更好地生存于社会，几乎任何人终身需要进行对话活动。世界博大无垠，尽管儿童总是以好奇的目光去关注周围世界，但看到的还只是世界的一隅一角，认识到的只是表层的现象，那是有限的、极不完整的。所以无论从儿童现在对知识的获取，还是未来进一步了解世界，都需要从小就开始学习与人对话，从而丰富自己。

儿童学习中的对话一般是在班级或学习小组内，在教师与学生、学生与学生之间展开，在相互启发、相互促进中进行。教师以对话的方式引导学生提问、答复、说明、释疑、比较、争辩等自由表达。总之，设计对话活动需要引起儿童思维的碰撞、擦出思维的火花、激起热烈的情绪，促使他们相互交流、相互感染。角度的不同、见解的差异，有助于学生加深对知识的理解。经常性的对话活动促使学生在互动、互补中逐渐学会协商、合作，达到共进，体现了对话的多种功能。

设计教学中的对话，要根据教学目标选择引领学生深入学习知识的话题，引发对话的需求。话题的设计和选择也应该是多角度的，可紧扣教材，也可由此伸发开去；连同对话的形式，也需精心设计。对话之始，同样需要教师激起学生对话的需求，明确对话的要求，做到有问有答、彼此交流。如四年级《太阳》一课，为了引导学生了解太阳，对天体探究产生兴趣，提出："对于我们好像熟悉，其实陌生的太阳，你们想知道它的什么？"由此，从儿童经验引发儿童对太阳探究的热情，他们一下子就提出了十几个与教材相关的问题。

于是，设计中又鼓励学生通过对话自己去解答。为了寻找答案，让学生担当小天文学家研读课文。新的角色身份诱使学生急切地想找到答案，从而带着非常积极的情绪去学课文，去了解太阳、研究太阳。

顺着学生的思路，以"太阳与人类的关系怎么密切"作为中心话题展开对话，启发学生，并提供表示因果递进、转折变化以及假设的关联词语，以提高学生对话的逻辑性和语言的思辨能力。从课堂反馈可以看出，对话前的引导和要求的明确十分重要。现略摘引如下：

"虽然太阳温度相当高，但是它离我们很远，所以不会把我们烧死"；"虽然太阳那么大，但是它离我们太远了，所以看上去它只有盘子那么小"；"因为有了太阳，我们在傍晚就能看到美丽的火烧云"；"因为有了太阳，大地才会变得生气勃勃，花儿会盛开，草儿会成长"；"有了太阳，世界上才有小鸟、小动物，才有了人类"；"因为有了太阳，我们就能看见金黄的稻田"；"如果没有太阳，世界将到处一片黑暗，就不会有人类"。

……

对话让学生的思维特别活跃，且体现出事物间的因果、转折、假设。由此学生认识到如何运用多角度的辩证的思维方法去理解和分析问题，如何尊重不同看法，如何求异，从而获得新知。

　　为了对话的生动性，我们让学生扮演或担当角色，如记者、科学家、作家、导演、战士、教师、家长、导游、老农等生活中学生喜欢亲近的人物进行对话。在进行对话、协商的同时，情境学习还特别注意引发儿童的探究性思维，培养儿童思维的深刻性，并给儿童留下沉思、冥想的空间，以培养儿童独立思考的能力。

　　从以上所述可知，儿童在情境学习课堂中活动时，他们的视觉、听觉、触觉，以至肢体都会获得最为和谐、协调的感受，整个身心都投入其中。这种在教师有目的的导引下的活动便会形成蕴含着知识的意义。这样多种感官兴奋笼罩着情绪色彩，在大脑里留下深刻而鲜活的印记，必然提高儿童学习的效率且身心愉悦。

四、学习催发潜能的不易性——着眼创新，不失时机发展儿童的想象力

　　学习科学强调"有意义学习本质上是创造性的"，创造力就是解除传统束缚的思维力。几乎每一个儿童的大脑都隐藏着巨大的潜能，具有无穷的创造力。但潜在的智慧并非已成现实，这是一种"沉睡的力量"。既是沉睡，就需唤醒，且要及时唤醒。因为儿童的这种"可能能力"，若得不到及时开发，便会产生"递减现象"[5]。这是一种渐变的，而又无法挽回的可怕现象。但遗憾的是，不少教师每天走进课堂，每节课都认真地教学，并不见得都意识到自己辛辛苦苦的讲解、严格的要求、标准的答案，这种划一的、统死的教学，恰恰是对儿童潜能的扼杀，是把儿童智慧的嫩芽掐断，使之枯萎。可以说，这是一种"罪过"。基于开发儿童潜在智慧的不易性和因忽略而造成的不可弥补的危害，我们必须不失时机地在儿童生命的早期开发其潜在的智慧，深刻地认识到儿童是一个活脱脱的小生命，有可能长成具有大智慧的人，我们必须悉心呵护、倍加珍爱、及时催发。

为抓紧儿童最具想象力的关键时期，情境学习采取"让儿童在美的、宽松、快乐的情境中，通过发展想象力来培养创造力"为催发儿童潜能的策略。想象是儿童最可宝贵的思维品质。因为想象孕育着创造的嫩芽，想象是开发儿童潜能、发展儿童创造力的一把金钥匙。教学设计应砸碎一切扼杀儿童想象的枷锁，应引领儿童到更广阔的课堂中去发展想象力。情境学习着眼创造，不失时机地为儿童的思维飞向创新的高地添翼。

（一）持续积累表象

儿童最善于想象，而想象正是创造的开始。针对儿童想象是由表象组合成新形象，情境学习十分注重儿童表象的积累，精心设计许多让师生终生难忘的观察活动。由于这些表象笼罩着情感的色彩，储存在儿童大脑的记忆中，表象就易于成为儿童想象的鲜活的材料。因此，教学要重视积累表象。表象从哪儿来？要利用眼睛的帮助去发展想象。儿童的观察需要引领和指导，要唤起他们的有意注意，由近及远，从多姿多彩的周边到宽阔无垠的世界，让儿童观察持久进行，从带领儿童有指导的观察，到放手鼓励儿童各自主动去观察。一棵小树、一丛花草、一只小动物，哪怕是窗外的一处景点、一种瞬间的现象……都可成为儿童的观察点，从中获得表象，在教师的督促鼓励下，天长日久形成习惯，逐渐培养起敏锐的观察力。这样的引导与儿童喜欢睁大眼睛看世界的需求是相协调的。

记得一次在二年级教《谜语》，其中一则谜底是"电灯"。学生一下子就猜到了。想不到有学生随即提出"如果是日光灯，谜语该怎么编？"这是教学设计中没有预见到的生成。我敏感地意识到这是让学生带着欲望、快乐思考、大胆猜想的好时机，便鼓励大家来编一则谜底是"日光灯"的谜语。少顷，一位小朋友站起来信心十足地说："屋里有根藤，藤上结了根长丝瓜，一到太阳落，瓜里开红花。"话音刚落，孩子们开心地大笑起来，快乐无限。马上又有学生纠正"日光灯不是开红花"，应该是"瓜里开银花"。我想二年级的小朋友为什么能这么迅速地编出谜语？联想到不久前，我带他们到田野里观察，看到二尺来长的长丝瓜从棚上垂下来，非常新奇。由此表明他们在兴奋的情绪中所获得的表象帮助他们进行组合，创造了新的形象。

作文是创造性很强的作业，除了语言能力还有创造能力。记得学生上五年级时进行一次独立作文，要求根据自己平日观察所得，选一种没有生命的物体，写出它的品格特点，自己选题，自己命题。学生感到很自在、很乐意。当堂完成后，我批阅时发现，所写题材各式各样，仅题目就有"歌"、"铁"、"路灯"、"火柴"、"石子"、"北斗星"、"太阳礼赞"、"石灰吟"、"蜡烛"、"红"、"绿"等二十多个不同的文题。他们写出了真情实感，赞美了这些物品的特点，且富有哲理。究其原因，那就是因为他们通过长期养成的观察习惯，积累了丰富的表象，获得了直接的印象，为他们的想象思维提供了丰富的材料，为新形象组合做了重要的铺垫。

（二）即时嵌入契机

儿童的想象不会凭空产生，需要引发契机，我们的教学设计必须为儿童提供"需要的推动"，使儿童形成想象的欲望。这一环节在我的课堂教学设计中意识性很强，只要教材有空间，便会根据教材特点，在设计中即时嵌入想象契机。其实，儿童常常是带着想象去阅读、去思维、去表达的。让儿童展开想象，真是"正合他意"。因此，在语文教学过程中，启发儿童走进情境，让其设计、想象人物的对话，假如你是××，你会怎么想、怎么做，增添一个新的角色、一个新情节，想象故事的细节，进入一个新时空，续编不同的结尾，从一个新的角度去思维、去想象。这不仅丰富了课文内容，加深了学生对知识的理解，而且开发了他们的创造潜能。

即使在野外观察中，我也不失时机地为儿童即时嵌入想象契机，引导儿童展开想象。那是一个金色的秋天，我带着三年级的孩子去观察桂花。我设计了"寻桂花—看桂花—问桂花—捡桂花"的顺序，孩子们围在桂花树前，启发他们把眼前的桂花树当作桂花姑娘，与之对话、向她提问。角色的转换，使他们情不自禁地去体验桂花内在的美，孩子们问来答去，对话很精彩。"美"激起了"爱"，他们弯下腰，疼爱地把落在树下的桂花捡起来，一朵一朵，聚在小小的手掌中。片刻，几乎是同时，孩子们把手中的桂花放到我的大手中，小小的桂花成了孩子们心目中美的精灵。我双手捧着，顿觉手中最轻不过的小桂花变得沉甸甸的了。这是超越了我的教学设计的一幕场景，霎时间令我不知所措。但桂花的"美"，孩子的"情"，驱动着我萌生出即兴设计，把孩子们带到草地上集体编桂花姑娘的童话。

我把手中的桂花轻轻撒落在一个小女孩的头上、发辫上。在孩子的眼里，她俨然成了真的桂花姑娘了，孩子们用新异的目光端详着……刚才观察桂花获得的直接的美的印象和感受，对桂花姑娘的新奇、怜爱，连同编童话幻想的形式，都激起孩子们创造的欲望。凉风习习，又送来阵阵桂花的甜香，孩子们身心俱适，此情此景构成最佳的创造情境，一对对想象的翅膀扇动起来了。

我和孩子们都没准备，都是即兴的思考、即兴的表达。我鼓励大伙儿一起编，他一句、你一句地想着，编着。一个孩子给故事开了头，"桂花姑娘原是个穷人家的姑娘，她被狠心的地主抓走了"；紧跟着便有一个个"后来——"，孩子们用善良的童心和纯真的智慧，一起编织着一个书上从来没有写过的美丽的童话。

孩子们不仅想到"桂花姑娘勇敢地逃出来"，竟然还想到"好心的风伯伯来帮助她了"。听到这儿，我心一亮：有了风伯伯的帮助，桂花姑娘就会飞起来。孩子们都兴奋起来，果然有孩子接着说："桂花姑娘乘着清风一直飞向月亮，她到了月宫里，长成了一棵桂花树，陪伴着嫦娥姑姑。"孩子们真是想象得太美妙了。神话般的想象罩上了智慧与神奇的光环。接着又有孩子说："桂花姑娘在月宫里思念人间，便撒落下金色的桂花种，从此大地上便有了桂花树。"另一个孩子补充："为了不被地主发现，所以她躲在绿叶下，开出一朵朵金黄色的小花……"

天上人间，多么宽阔的想象空间，观察、思维、想象的融合创造出一串串美丽动人的童话。在幼小的心灵中可以迸发出如此耀眼的智慧火花，这是惊人而又可贵的。孩子们沉浸其中，体验着创造的快乐。在班级和谐的共同体中，在特定的情境中，这种即兴的教学活动是最能激发儿童的潜在智慧、激活儿童的灵性的。因为没有事先谋划的束缚，而是在那瞬间，思维迅速地跳跃式地自由驰骋，涌现出儿童潜在的无穷创造力。这深刻地告诉我，没有互动就不可能有"即兴"和"涌现"。即时嵌入想象契机，真是要"不失时机"。

孩子是喜欢创造的，无论是课堂上还是野外的教学设计，都把握了我自己归纳的四要素："训练感觉、培养直觉、鼓励求异、大胆想象"，让儿童的创造活动在宽松的、无拘无束的情境中进行。

（三）引入广远意境

古代文论"意境说"中用"思接千载"、"视通万里"[6]形容诗人创作时的情态，"千载"、"万里"能想到千年之久、万里之远，想象空间可以是如此宽阔。古代的诗人尚且如此，何况21世纪的儿童呢。我们作为教学的设计者应该意识到，孩子面对的未来世界给人们的思维方式带来的是"可能"，是

"不确定"，是"飘忽"、"变幻"、"互动"，从而使人们改变对世界的认识。为了开发儿童的潜能，我们就很有必要打破程式化思维的定式，导引儿童主动地在自由宽阔的思维空间里思维，进入广远意境，追求创新。那虽是虚无缥缈的，但却是可以操作落实的。通过设计，让儿童在没有束缚和统一规定中，将课堂已激起的情绪和教材中的意象、学科训练结合起来发展想象力。

在情境学习的阅读和作文教学中，我有意识地设计与教材、与儿童生活结合起来的富有创造性的语言训练。

在阅读课上经常设计创造性复述，诸如"小猴子第二次下山"，续写"贝多芬回到旅店以后，追记月光曲的情景"；学了《种子的力》之后让孩子编写"大力士比武"童话。孩子们心中的大力士既神奇又颇具哲理，谁是大力士，他们各有自己生动而深刻的见解："我们大伙儿一起推，就把岩石推下去了，这说明大伙儿的力量可以超过一切，大伙儿才是真正了不起的大力士！"也有人说："真正的大力士是大象！"大象诚恳地表示："不，不是我，是那能吊起万吨钢铁的大吊车呀！"一旁的大吊车却谦虚地说："不，最了不起的大力士是人类，因为是人类造出了我！"由此也看出想象加深了学生对社会现象的认识。

中高年级的学生展开想象，需要宽阔的思维空间，那么低年级的小朋友是不是可以窄一点？其实，越是年龄小的孩子，越是会无拘无束、浮想联翩。记得我在教了一组儿童诗以后，给一年级孩子上了一堂思维训练课。最后我设计了一个训练，让孩子画一对翅膀，让他们的思维随着翅膀飞起来，并问："你准备把翅膀送给谁？"这"飞"的动态，连同赠送的对象、目的，都可以让儿童想得很远、很精彩。他们的表述让我也感到无比的惊喜。他们兴奋地表达了各自的心愿："我把翅膀送给面包，让它快快飞到世界上没饭吃的地方，让饥饿中的穷人尝到中国的新鲜面包！""我把翅膀送给书籍，让书籍飞向外星，让外星人读到我们的书,不过我担心他们看不懂我们的文字。""我把翅膀送给李老师,李老师外出开会就不用坐火车和轮船了,这多节约时间呀!""我把翅膀送给我自己,我要飞上月亮,看看月亮上是不是真的有小玉兔。"……

科学、人文,美妙、神奇,让儿童想象向创新高地飞去。

在作文教学中,从低年级就开始了想象性的情境说话,如《冬爷爷的礼物》《萝卜娃娃看到了田野》《我和小树交朋友》《春姑娘的大柳筐》《小鸭子离开我们以后》;到中高年级的《我是一棵蒲公英》《菜花儿比赛》《我想在××留个影》《海底世界漫游记》《假如卖火柴的小女孩来到我们中间》《凡卡的信发出以后》等结合观察活动、阅读教学进行的一系列的想象性作文以及童话创作,孩子们美滋滋地进行着创造性的语言活动,语言能力在快乐中得到有效的训练,更加乐于想象、乐于表达,达到了新课程标准的要求。

实践表明,只有在学科学习中结合能力训练,发展儿童的想象力才能得以落实。科学学科的教学设计要求"创设探究情境、激起好奇心、培养创造力和科学精神"。即使在音、体、美学科,情境学习也鲜明地提出把想象与技能技巧的训练结合起来,在自我表现中开发儿童的创造潜能。

综上所述,情境学习多年来在学习科学的引领下,窥视到儿童学习秘密的黑箱之一角。针对儿童学习知识的复杂性、学习过程的不确定性、学习系统的开放性以及学习催发儿童潜能的不易性,我们以"利用艺术之美"、"情感生成之力"、"凭借儿童活动"、"发展想象、培养创造力"为对策,进行教学设计,体现了情境学习特有的"真、美、情、思"四大元素。让儿童在与教师、与小伙伴的互动中,与世界、与生活的相联中学习知识,为他们的学习提供了有力支撑,营造了最佳的学习环境——一个"愉悦的"、"丰富的"、"安全的","且可以活动其中的环境",使我们的教学设计更具科学性、更具创造性。

在此，我想引用钱旭红院士指出的："科学知识不等于科学精神，人文知识也不等于人文精神"[7]，以强调教学设计也不仅仅是技术层面的运筹帷幄。世界的发展需要儿童超越知识的局限，我们进行教学设计也必须随之形成不断超越自我的意识和能力，在学习科学的引领下，用童心和真情精心设计，以"精心"换来"精彩"，达到真正意义上的优质教学设计、创造性的设计。这就从根本上保证了课堂的快乐、高效——儿童全面和谐的发展是情境学习矢志不移的宗旨。

参考文献：

［1］高文.学习创新与课程教学改革［M］.广州：广东教育出版社，2007：356.

［2］张光陆.复杂性课程：特征、实施与展望——美国多尔教授与图伊特教授访谈［J］.全球教育展望，2013（3）：6.

［3］Eric Jensen.适于脑的教学［M］.北京师范大学"认知神经科学与学习"国家重点实验室脑科学与教育应用研究中心，译.北京：中国轻工业出版社，2005：85.

［4］Marilee Sprenger.脑的学习与记忆［M］.北京师范大学"认知神经科学与学习"国家重点实验室脑科学与教育应用研究中心，译.北京：中国轻工业出版社，2005：47.

［5］木村久一.早期教育和天才［M］.石家庄：河北人民出版社，1979：11.

［6］郭晋稀.文心雕龙译注十八篇［M］.兰州：甘肃人民出版社，1963：63.

［7］钱旭红.思维之变：撬动世界的力量［N］.文汇报，2013-04-09.

（本文为参加"学习科学国际大会"的发言稿，
原载《教育研究》2013年第11期，获第五届全国教育科学研究
优秀成果奖一等奖、江苏省第十四届哲学社会科学优秀成果奖一等奖）

中国式儿童情境学习范式的建构

【摘　要】中国式儿童情境学习范式的建构从发现弊端开始，为寻求教育现实问题的答案，探究儿童怎么学习作、学阅读、学数学。探索出儿童习作：从封闭走向开放，课堂与生活相通，学习在真实的情境中进行；儿童阅读：让艺术走进课堂，美的情境给学习带来愉悦；儿童学习数学的三点主张。进而从儿童心理倾向，揭示出儿童主动学习的四大基本原理并提出操作策略，以及为儿童快乐高效学习营造最佳学习环境的要则。将古代文论经典"意境说"大胆地逾越、跨界，创造性地应用于当代儿童教育，将"真、美、情、思"列为儿童情境学习的四大核心元素；揭开儿童学习的秘密，把"情感与认知结合"列为儿童情境学习的核心理念。建构择美构境，境美生情，以情启智，把情感活动与认知活动结合起来，引导儿童在情境中学、思、行、冶的儿童情境学习范式，充分显示出民族文化的独特优势，且又顺应世界教育改革发展的趋势，生动显现了东方文化的智慧。

【关键词】儿童；情境学习；情境学习范式

小学阶段是一个人一生奠基的关键时期，但是作为小学生却不知道今天的学习对自己未来的影响。因此，教师的责任就格外重大，需要良知和真挚的情感。半个多世纪以来，我一直生活在儿童中间，使我懂得爱儿童所爱，知儿童所需，儿童成了我心灵的寄托，"儿童究竟是怎么学习的"这一课题，我竟做了 39 年。今年春天，终于建构了中国式儿童情境学习范式。

一、从发现弊端开始，寻求教育现实问题的答案

（一）探究儿童怎么学习作

1978 年秋天，我走进了一年级的教室，当时语文教学的课堂是封闭的，现实的课堂与孩子理想中的学习王国相去甚远。当我看到他们黯然神伤的目光，我意识到教育的弊端是儿童发展的绳索。心想，一定要让孩子从封闭教育的捆绑中挣脱出来。

苦苦求索中，是含蕴着东方文化智慧和审美意韵的中国古代文论"意境说"，让我仿佛在迷雾中看到闪烁着温暖光亮的灯盏。

我从"意境说"中习得的第一个理念就是刘勰在《文心雕龙》中阐明的"情以物迁，辞以情发"八个字。它表明人的情感随着客观外物的变化而变化，而情感会触动语辞的萌发。

为优选适合孩子的典型场景，即"外物"，我走出校园，走向周围世界，勇敢地把孩子带出封闭的课堂，走进风光无限的大自然。野外宽阔的空间，不胜枚举的美的景、美的物，呼唤着孩子投入大自然的怀抱。他们睁大眼睛看着这五彩斑斓的世界，发现了世界竟是如此美丽、神秘。孩子们兴奋得如同小鸟从笼中飞回了树林。由此，我发现了儿童学习的巨大智库，深感大自然是本不可随意掩卷的天书。我从中挑选了关于外物的 24 个典型篇目：日月星辰、春夏秋冬、花草树木、鸟兽虫鱼、风云雨雪、山川田野。

儿童观察后，通过感官非常具体地认识周围世界，他们感动其中，激动其中，智慧的源泉汩汩地在其心中流淌。这种亲眼所见、亲耳所闻的真实的美的感受，使儿童获得了丰富的思维材料，积累了可以展开想象的生动映

像，使他们的语言表达有了生动题材。儿童便不容自遏地去想、去说、去写，感到一种极大的快乐。

我抓紧儿童语言发展最佳期，习作"提早起步，提高起点"。顺着儿童的真实感受和学习的状态，我先后提出了"观察情境说话、写话"、"观察情境作文"、"想象性作文"等崭新的作文样式，开拓了儿童情境作文的新天地，获得了意想不到的效果。这让我寻求到解决教育现实问题的第一个答案：**儿童学习作必须从封闭走向开放，真正做到课堂与生活相通，儿童学习语言的第一课必须在真实的情境中进行，从而成功地将课堂学习和大自然链接，将符号学习与生活结合，促进知识在实践中运用，并逐渐培养起儿童对大自然的情感、对生命的珍爱。**

（二）探究儿童怎么学阅读

课堂与生活连接起来，学习与情境互动，给小学作文教学带来了无限生机。我回顾、探究儿童习作成功的原因，那就是"美"。我知道，美的情境具有教育的多种功能，魅力无穷。由此，我想到了美学，想到了艺术。借鉴边缘学科、跨学科进行的思考，拓宽了我创新的思路。我又着手改革阅读教学，提出"让艺术走进阅读教学"的创意，"让阅读教学美起来"。

语文除了具有工具属性，更有文化属性。儿童学习语言文字的过程是让世界呈现在他们面前的过程，同时也是让儿童进入世界、进入社会生活的过程。我借助儿童喜闻乐见的艺术手段与语言描述相结合再现课文情境，把儿童带到作者笔下的那个情境中去，作者所运用的语言也就镶嵌在其间了。所谓"作者胸有境"，"入境始于亲"。

结合课文语言，孩子仿佛"看到了"，仿佛"听到了"，这就把课文的语言文字符号与形象结合起来了。加上教师情感的传递，教学语言的调节、支配和唤醒、激励，从而引起孩子们的共鸣，使他们获得真切的感受。儿童的情感被激起，与情境相互作用，给课堂带来了无限生机。

著名教学论专家王策三教授指出：情境教学是一个"情"字贯穿活动过程，这就弥补了教学认识论的一大缺陷。

由此，我寻求到解决教育现实问题的第二个答案：让艺术走进课堂，让课堂美起来，创设美的情境，让儿童在情境中快乐地学阅读。

（三）探究儿童怎么学数学

很多小学生觉得数学难而无趣，这成为小学数学的现实问题。为了儿童的学习，我又开始探究儿童是怎样学数学的。作为数学的门外汉，我深感数学是"难攻克的堡垒"。历经五六年之久，我发现数学同样源于生活，因为生活或生产的需要，才产生了数学，但是现实的数学教学却远离孩子的生活。怎么让数学走进儿童的生活，让儿童亲近数学？我将积累已久的感悟加以概括，提出了儿童情境数学的三点主张。

第一，数学来源于生活，引导学生在生活中发现数学，让数学与生活结合，在真实的或模拟的生活情境中学习数学、运用数学。

例如，在学习元、角、分时，让学生当营业员和顾客，理解人民币的进制、兑换，熟悉如何使用人民币；学习重量"吨"，让学生担当角色，做"饲养员"给"牲畜"过秤；教"百分数的应用题——利息"时，设计游戏"为储户当参谋"，设立"储户咨询站"，学生相互间展开角色的对话，体验与生活紧密相连的生动情境。数学的"形"看到了，也摸得着了。

第二，针对数学学科的特点，通过创设探究的情境，借助情境中的形象引导儿童进行抽象思维活动，把形象思维与逻辑思维结合起来，启迪儿童的数学智慧，真正体现数学是思维体操的学科特点。

第三，数学是一种"冷峻的美"。这使我意识到应该引导儿童在学习数学的过程中，模拟情境再现人类发明数学公式的那个情境，使儿童获得数学的审美感受和文化熏陶，把数学教育与感悟数学的文化性和美感性结合在一起，从而丰富儿童的精神世界。

这样，情境数学让儿童在身边发现数学，使原来颇为遥远而陌生、敬而远之以至畏惧的数学变得亲近，似曾相识，可以理解，可以捉摸，由此培养起学生对数学的热爱。

情境数学的研究也使教师们的教学水平、科研水平获得了显著的发展。在此后至今的十年里，我校数学教师在江苏省小学数学优秀课评比活动中连续十年共获得十个冠军。情境数学的优越性得到普遍认可，受到孩子们的广泛欢迎。

二、创造性地运用民族文化经典，建构中国式儿童情境学习范式

为了探究儿童是怎么学习的，我顺其自然地走上理论与实践相结合的道路。走在这样的路上，虽艰辛，但更多的是快乐与充实，让我这早已年逾古稀的老人也像年轻人一样充满活力。这种创新激起的生命活力让我乐此不疲，努力地朝着彼岸前行。

在"儿童情境学习"的探索过程中，我学习国外先进的教育理论，更主要的是不断受到中华民族文化理论的启示，深感"意境说"是古代文学创作的理论经典，更确切地说是"诗论"的精华。一千多年前刘勰的《文心雕龙》以及近代学者王国维的《人间词话》，可谓"意境说"的经典代表作。古代诗人也同样是从对世界的认识、从真实的生活中产生灵感开始创作的。其间的感受、体验，引发诗人的思考、想象，随之激起情感：或愉悦的，或悲凉的，或激愤的……如此触发了诗人的语言活动。诗人蘸着情感的墨，在

特定的情境中写下了一首首让读者连同诗人自己都心动的诗篇，写下了许多不朽的中国古代诗词。这充分显示了"意境说"诗文创作理论底蕴的深厚，证明它具有永恒的价值，充满了无穷的生命力。

多少年来，我反复研读"意境说"，读着它，不得不被其内容的丰富、阐述的精湛而震撼，引起我的深思。

在时代的召唤下，出于对教育创新的追求，我大胆地跨界应用古代文论经典"意境说"，将其创造性地应用于今天的儿童教育中。正如王国维所言"一切境界无不为诗人设"，而我深感"一切境界无不为我、为儿童所设"，使儿童情境学习实践与研究一步步走上民族文化引领的道路，蕴含着本土文化的神韵，更觉民族文化经典之珍贵。

（一）概括"真、美、情、思"四大核心元素，儿童情境学习理论架构逐步形成

近四十年间我持续研读"意境说"，深入地进行探究，从中概括出"真、美、情、思"四大元素，影响了我的儿童教育理念与教学策略，并成为儿童情境学习的重要支撑。

• 真：让儿童认识一个真实的世界，将符号学习与多彩生活链接。"真"是"情"、"思"、"辞"的根基，强调"真实"才能获"真知"，激"真情"。这恰恰体现了环境与主体的相互作用。

• 美：美的愉悦唤起情感，促进儿童主动投入学习活动。从"美物"到"美文"，通过美的形式、美的内涵、美的语言，让美首先占领儿童的心灵。

• 情：情感生成儿童学习的内驱力。"一切景语皆情语"，"情"是儿童情境学习的命脉，由此日益丰富儿童的精神世界。

• 思：广远意境开发儿童潜在智慧，想象是创造的萌芽。"以观察情境积累表象，丰富儿童想象所需的思维材料"；"为儿童组合新形象，并产生需要的推动"，以着力开发儿童潜在智慧。

随着认识的加深，更感"真、美、情、思"正是儿童发展所需，不可或缺，从而将此确立为四大核心元素，并由此逐步形成中国式儿童情境学习理论构架。

1. 从儿童心理倾向，揭示儿童主动学习的基本原理

在我亲历儿童怎么学习作、怎么学阅读，又怎么学数学的探究过程中，儿童都表现出了极高的学习主动性。结合哲学、美学，我初步领悟到了其中的规律与要义。我又借鉴心理学，琢磨儿童为什么在优化的情境中学得那么主动，探究其基本缘由。

亲历实践，在实践中感悟，又从感悟中提炼概括，这是一漫长的过程，直至 1996 年，我从儿童心理倾向的不同角度，建构了儿童主动学习的四大基本原理。

（1）情感驱动原理。

儿童情境学习利用移情作用，形成学习者身临其境的主观感受。儿童是最富有情感的，情境学习正是利用儿童心理上这最宝贵的特质，最大限度地发挥情感的纽带作用和驱动作用。

情境学习所创设的情境，首先渲染具有一定力度的氛围，使儿童对客观情境获得具体的感受，表现出一种积极的态度，从而激起了儿童相应的情感。在此过程中，儿童开始关注并产生对学习内容的兴趣。他们自己的情感不由自主地移入情境中的相关对象上；随着情境的延续，儿童的情感逐步加深，最终由于情感的弥散渗透到儿童的内心世界，形成相对稳定的情感态度。儿童情境学习的优越性就在于以情感驱动促使儿童主动投入学习活动。

（2）暗示倾向原理。

课堂上利用艺术手段创设的情境，连同优选的现实生活场景的美感，直

接诉诸儿童的感官，正符合他们的兴趣和需求。儿童进入这样的情境，产生无意识的心理倾向，很快被激起强烈的情绪，情不自禁地投入到学习活动中。这种不显露目的，用创设情境、优化情境的间接方式，对儿童的心理及行为产生影响，从而一步步达到既定的教育目标的过程，就是暗示发生作用的过程。"凡是影响心理的都是暗示"，而每个儿童身上天然存在着接受暗示的能力，"这是人类个体之中一种普遍的品质，由于它，才使人和环境间的无意识关系发生作用"[1]。这种主客观的一致性，表明情境教育运用暗示倾向原理，让儿童主动性大增。

情境学习正是利用暗示倾向，用无意识导引有意识，用情感伴随理性，二者交织起来和谐进行。这种最佳的心理活动正是挖掘人类潜在能力的重要通道。情境学习利用暗示倾向，通过周围环境使儿童产生心理共鸣的过程，激起儿童学习的主动性，其最终目的就是使儿童的能力和潜在智慧得到充分的发展。

（3）角色转换原理。

在优化的特定情境中，蕴含着教育者意图，它引起儿童进入角色、体验角色、评价角色的心理历程。这种"有我之境"，可产生一种巨大的无形的导引效应。儿童通过扮演角色、担当角色，产生进入角色的知觉，凭借这种如临其境的知觉，会很快理解角色在情境中的地位、与其他角色的关系，设身处地地体验角色的情感。于是，自己仿佛变成了那个角色，"我"与角色同一，角色的喜怒哀乐，近乎是自己真情实感的表露。由于角色的转换，儿童面对所处情境，会情不自禁地按自己所扮演角色的身份、处境思维，根据教材与同伴对角色的期待，合情合理地表现出一系列的行为和恰切的语言表述。角色变了，语言行为也随之变了。角色扮演的热烈的情绪渲染了整个学习情境，不仅是角色扮演者，全体学生都在无意识作用下不知不觉进入了角色，最深切、最生动地经历了角色的心理活动过程。儿童情绪热烈，全身心地投入到教育教学活动中，成了真正的主角。其过程可概括为"进入情境—担当角色—理解角色—体验角色—表现角色—自己与角色同——产生顿悟"。儿童就由教学过程中等待接纳的被动角色转变为积极投入的主动角色，主动参与，从而迅速推进学习活动。

（4）心理场整合原理。

根据心理场理论，儿童生活的空间无不对他们的心理发生作用。任何一个人不可能超越这个空间。优化的情境使儿童的学习空间不再是一个自然状态下的生活空间，而是富有教育的内涵、富有美感的充满智慧和儿童情趣的学习情境，实际上就是一个心理场。这样的情境与活动其间的儿童必然处于相互依存的变量的状态，是网络式的联动着、推进着的。儿童进入这人为优化的情境，其力度、其真切感和美感，都足以影响儿童的心理世界。那丰富形象的感染、真切情感的体验、潜在智慧的启迪，使儿童得到一种满足。心理场理论指出，儿童心理需求得到满足时的愉悦，很自然地形成了一种向着教育教学目标整合的"力"。这便是正诱发力。在这种正诱发力的推动下，儿童主动投入学习活动的态度、情绪、语言和行为，使已创设的情境更为丰富，情境渲染的氛围更为浓烈。置身其中的教师也即时感受到教学成功的快乐，又以更为饱满的热情投入教学活动。这样，情境、教师、学生三者之间形成良性推进的多向折射的心理场，促使儿童用整个身心去学习，加速产生顿悟，从而随之改变儿童的认知结构和心理结构，因而使自主学习、自我教育的理想境界成为现实。

2.为儿童快乐高效学习，营造最佳学习环境

为了让儿童学得快乐而高效，必需环境的保障。我领悟四大元素的神韵，根据马克思"环境与人的行为一致性"的哲学原理，策划为儿童学习营

造最佳的环境。

（1）拓宽教育空间。

为儿童情境学习营造一个开放的富有美感的空间。

（2）缩短心理距离。

以情感为纽带，缩短儿童与教师的心理距离，情感的链接给儿童带来亲切感和安全感。

（3）保证主体位置。

情境学习顺应儿童的情感驱动，引导儿童投入一系列学科活动，使儿童在情感与角色意识的驱动下，成为真正的学习主体。

（4）突出创新实践。

引导儿童着力进行创新与实践的学习活动，强调"着眼发展，着力基础"。

今天，我从脑科学的视角对情境教育进行重新审视，发现情境教育为儿童营造的正是脑科学强调的"丰富而美的、安全的，且保证儿童活动其间"的学习环境。[2]13 为此从实践到理论，充分表明情境教育所创设的学习环境是科学的儿童学习环境。

3. 概括促进儿童发展的"五要素"，确立五大教学原则

"真、美、情、思"四大核心元素，让我在实践研究中提出促进儿童发展的"五要素"，并进一步提升为五大原则：

①以培养兴趣为前提，诱发主动性；

②以指导观察为基础，强化美感性；

③以发展思维为核心，着眼创造性；

④以激发情感为动因，渗透人文性；

⑤以训练学科能力为手段，贯穿实践性。

经过长期的实践与研究，十多年的审视和反复验证，确立了"主动性原

则、美感性原则、创造性原则、人文性原则、实践性原则",即儿童快乐高效学习的五大原则。

4.设计指导儿童学习的五大操作要义

根据四大核心元素具体提出指导儿童情境学习的五大操作要义:

①以"美"为突破口;

②以"思"为核心;

③以"情"为纽带;

④以"儿童活动"为途径;

⑤以"周围世界"为源泉。

如上简述都显示了"真、美、情、思"在建构儿童情境学习的操作体系和理论构架中的核心作用和关键性的启发与引领作用。

(二)发现儿童学习秘密,情感与认知结合,确立儿童情境学习核心理念

在"探索儿童究竟怎么学习"的主旋律中,我首先着手研究激发儿童情感的起因。我知道,儿童是情感的王子,纯真的情感总是洋溢在他们心间。

回顾自己为儿童学习设计、亲授的一千多节课,我亲身感悟到当把儿童带入优选的真实的情境或课堂优化的美的学习情境中时,情境的"美"顺乎自然地激发了儿童的"情",使儿童普遍生成热烈的情绪,学习主动性大增。在这美与智融合的形态中,儿童的情感与思维的活动相互触动、相互补充、相互推进。儿童智慧的火花竞相迸发,碰撞着、感染着。而情绪具有形成动机的力量,形成主动投入学习活动的内驱力,极大地提高了儿童的学习效率。

脑科学指出:儿童内心的愉悦感和热烈的情绪使脑释放大量的神经递质,刺激神经元生出更多的树突,并增强链接,思维进入最佳状态;指出"丰富环境中的儿童明显具有更高的智商"[2]15。脑科学证明,儿童在情境中学习,符合脑功能的科学原理,所以情境学习不仅保证了学习效率的提高,而且这样的学习路径还促进儿童大脑的发育。

当儿童认知活动渗透着情感体验时，思维活动积极展开，课堂往往进入了忘我的沸腾状态，我和孩子们一起沉浸其中。我意识到，儿童情感的暗流涌动起来，儿童智慧的门扉已被我推开。在大量的实践中，我思考着，从自己的感受、体验中进一步去悟，我觉察到儿童的学习已经不再局限于单纯的认知活动，儿童的情感早已融入其中，在优化的情境中，儿童身心愉悦，潜在智慧萌发，呈现出学习主体生命的多元色彩。在"真、美、情、思"核心元素的影响与导引下，我终于发现儿童学习"快乐、高效"的核心秘密，那就是在优化的情境中**情感活动与认知活动的结合**，极大地调动了儿童学习的主动性。

记得在 20 世纪 80 年代后期，在我带的第一轮实验班学生毕业的数年后，在界定什么是"情境教学"时，我明确提出"**情境教学是通过创设优化情境，激起儿童热烈的情绪，把情感活动与认知活动结合起来的一种教学模式**"。只是在当时并没有意识到这揭开的正是儿童学习的秘密，而且是核心秘密。二十多年来，我和实验班的教师们一直将这一秘密运用到教学实践中，使我们学校历届学生普遍学得快乐又高效，而且负担不重。

近些年来，这一核心秘密从学习科学那里得到了验证。学习科学指出，"情感活动与认知活动二者是不可分割的"、"二者的结合是学习的核心"。[3]于是，在建构儿童情境学习范式的时候，我非常有把握地将二者结合，作为儿童情境学习范式的核心理念明确提出，而且为儿童情境学习范式的实施取得高效能提供了有力的科学依据。

（三）为儿童快乐高效学习，揭示中国式儿童情境学习范式

情境教育让教师带着情感与智慧的光亮走进教室，走进儿童中间，让课堂亮起来，让儿童的心灵亮起来。符号学习与多彩生活链接起来的广阔空

间，艺术直观与语言描绘相结合的优化手段连同结构的优化，学科教学与儿童活动结合起来的课程新理念，古代文论精髓与现代儿童教育理论结合的创造性突破，从中概括出四大元素。它闪烁着育人光亮，融合为情感活动与认知活动相结合的中国式儿童情境学习范式的核心理念，保证儿童快乐、高效地学习，发展潜能，全面健康地成长。

从语文单科的"情境教学"，到向各科、各育拓展的"情境教育"，及至"情境课程"的具体设置，这漫长的"三部曲"围绕着一个"主旋律"，那就是"为儿童快乐高效学习，获得全面发展"。回顾自己探究的历程，并非一日之功。人们都知道儿童的学习是个黑箱，里面藏着很多秘密。探究儿童学习就要设法揭开黑箱，其过程是复杂的。我历经 39 年漫长的岁月，在儿童学习的真实情境中，在众多的学习现场反复观察、体验、感悟，竭力知儿童所需，爱儿童所爱。积淀必然产生飞跃，主旋律终于有了音符、有了节奏、有了乐章。由此推想开去，思路越发清晰，终于揭开儿童学习黑箱的一角。此时的感觉正如王国维先生所阐述的学习的第三种境界"众里寻他千百度，蓦然回首，那人却在灯火阑珊处"，豁然开朗。为了让更多的老师、更多的儿童享受快乐高效的情境学习，我觉得有责任把已经获得的感悟和概括出的规律予以揭示，由此建构了中国式儿童情境学习的范式。

其内容概括为：择美构境、境美生情、以情启智，把情感活动与认知活动结合起来，引导儿童在境中学、做、思、冶的儿童情境学习范式。

1. 儿童情境学习范式要则的阐述

择美构境。回顾探究历程，我深知爱美是儿童的天性。美能给幼小心灵带来愉悦，儿童喜欢美的景、美的物、美的人、做美的事，喜欢听美的音乐、唱美的歌曲，连同大自然的天籁和美妙的音响，儿童都愿意倾听。他们从所见所闻之美，获得快乐的审美感受，激起愉悦的情绪，展开美妙的联想和神奇的想象。因此，我认定"择美构境"是顺应儿童天性进行教育的有效路径。在真实的情境中优选美的情境，在课堂上通过富有美感的音乐、图画、戏剧等艺术手段与语言描绘相结合，再现教材中的相关情境。

境美生情。事实表明，充满生趣的美的情境，能吸引全体儿童快乐地学习。在教学现场我无数次感受到，"美"极大地激发了儿童的"情"，让儿童课堂学习达到了一个比教学设计预期目标还要丰富得多、广阔得多的境界。"求知—满足"的平衡感使儿童感到无穷的乐趣，得到一种心理上的满足，继而又生成新的学习动机。我由此揭示了儿童情绪演绎的过程，在优化的情境中，儿童经历了"关注—激起—移入—加深—弥散"这一连续的情绪从生成到发展的过程。正如艺术心理学所阐明的"美能唤情"，是情境的美激发了儿童热烈的情绪。由于暗示的作用，儿童产生无意识心理倾向，不知不觉地萌发出积极的情绪，正所谓"情不自禁"、"情由境生"，这揭示了"境美生情"的儿童学习的要诀。

以情启智。在大量亲身实践感受与理论感悟的双重作用下，我领悟到儿童在热烈情绪的内驱力推动下，在课堂上为求知而乐，为探究、想象而兴奋、激动。情感伴随儿童的学习活动，儿童学习的主动性随之大增，认知活动转变成一种体验，思维活动积极展开，孩子们个个跃跃欲试，以学为乐，以思为乐。在这学习热情普遍高涨的课堂里，学习效能不断提高成为必然。我深刻感悟到儿童有情，情感是动因，情能启智。脑科学已证实"愉悦的情绪可以加速大脑神经元的链接""情绪信息总是比其他信息优先得到加工"[2]47，"只有情绪才能为我们提供足够多的热情来达到目标，促使儿童主动投入学习过程，且留下难以磨灭的情绪记忆"[4]。由此可见，儿童积极的情绪参与是学习的关键，情感成为激起儿童思维活动的原动力。无论从现象和切身的感悟，还是从脑科学的阐述中都表明"以情启智"是儿童学习的必然。

情感活动与认知活动结合。如上所述，美的情境给儿童带来愉悦，美能唤起儿童的情感，进而生成儿童主动投入学习活动的力。儿童在情感的驱动下进行学习，积极思维，快乐思维，极大地提高了学习效率。如此顺其自然，情感活动与认知活动结合起来，使儿童自然地运用了自己学习的诀窍。

2. 儿童情境学习范式的操作策略

儿童的学习毕竟不同于从业的成人，儿童不可能每日离开课堂在社会生活的真实情境中学习知识，学习技能技巧。不过，中国特色的儿童情境学习首先是从周围世界的真实情境中翻开第一页，并有目的、有计划地到大自然，包括社会生活中去学习。而更多的系统的知识学习是在学校、在课堂进行的。但它是让儿童在模拟真实的优化的情境中进行学习的。它的特点首先是模仿，情境中的角色与生活中的人物以及场景具有相似性，甚至是自己熟悉的或大人们经历过的，且其中包括技能技巧的尝试，这种"似曾相识"让儿童感到特别的亲切，更具诱惑力，从而把符号学习与生活的真实有机地结合起来。所以，儿童情境学习范式进一步具体提出在境中学、做、思、冶，引导儿童在情境中通过自身活动建构知识。

境中学。儿童情境学习范式强调优化情境，将知识嵌入情境中，使儿童情境学习的知识不再是孤立的、抽象的符号，而是有场景、有事件、有角色，甚至有情节的。这样，知识镶嵌在情境中，儿童也在情境中，知识与情境相互联系、相互依存。儿童因对利用经验所学的知识感到熟悉、亲切，而从"已知"快速进入到"未知"领域。情境中的这些来自儿童经验的信息与儿童学习的新知识融合在一起，形成相互联系的整体，从而形成久远的记忆。

境中做。"学"是为了"用"，所以在"境中学"的同时，引导儿童在"境中做"，从而促进儿童不仅在真实的情境中运用知识，获得具身认知，而且在课堂上又通过优化的情境，让儿童结合学科内容进行生动而真切的模拟操作，强调"学以致用"，"学用结合"。

儿童通过在境中做多种活动，他们的视觉、听觉、触觉，包括肢体都会获得最为和谐、协调的兴奋，以致整个身心都投入其中。这种感受在教育目的的导引下，形成了含蕴知识意义的活动。神经科学告诉我们，这种多种感官协调的活动且带着信息进入大脑，留下的印记深刻而鲜活，难以遗忘。这就保证了儿童通过自身活动在情境中主动建构知识。儿童不仅体验到学习知识的运用价值，且在运用中有效地培养学习力，磨炼才干，产生成就感。

境中思。在境中"学"和"做"的过程中，必须同时着力引导儿童在境中"思"，结合学习及运用知识，为儿童拓展广远的思维空间。正如"意境说"所指出的"思接千载"，"视通万里"，[5]这也让我较早地有意识地启迪儿童的想象，在优化的情境中顺势引导儿童带着想象去阅读，带着想象去习作。因为情境的美，情境的"形"与"情"，更易于激起儿童的所思所想。环境是引起儿童思维动机的重要前提，而在境中"学"与"做"的学习活动中，儿童在情感的驱动下，往往进入"美美地想，乐乐地学"的状态。实践表明，在情境中儿童的想象力是十分奇特和美妙的。

记得当时我教一年级的小学生学习《小小的船》，我创设了孩子飞上了月亮的情境，用"在蓝蓝的天上"让孩子进行说话训练。孩子们带着想象，争先恐后地发言。有个孩子说"我在'蓝蓝的天上'给李老师打电话"。我听了真是惊喜万分。试想，在20世纪80年代初，除了科学家还有谁能想到在高高的蓝天上打电话?! 算起来我们孩子的幻想比我国宇航员在"神九"上给家人打电话的现实竟早了20年。美的情境给儿童带来愉悦，让孩子的智慧迸发出如此灿烂的火花。

我认定，美的、奇妙的情境，是启迪孩子潜在智慧、发展创造性的最佳境界。那是最适宜儿童想天说地的广阔的思维空间，它能有效地激发学生的思维、想象，神而往之。他们在意想中揣摩，在幻境中塑造，迸发出一个又一个令人欣喜的智慧的火花，并燃烧、升腾……

我由衷地赞美儿童的思维是长翅膀的，儿童的思维是会飞的，他们的想象力可以神通江河湖海，意攀高山白云，同样可以进入思接往昔、憧憬未来的境界。这也使我更加坚定了情境学习"以思为核心，着眼创造性"的主旨。因此，儿童情境学习无论是在课堂上还是在学科活动的情境中，几乎是全体儿童的思维都处于积极状态，从"乐思"到"多思"，如此儿童就渐渐地学会"善思"。在儿童的思维、想象无拘无束的生命早期，大脑正处在生长的关键期，在情境中培养、优化儿童的思维品质，那是为创造性人才做重要的铺垫。所以在儿童情境学习范式建构后，我明确提出发展创造潜能的举措，并且以"发展儿童的创新精神"作为不懈追求的最高境界。

境中"冶"。在情境中不仅着力引导儿童"学"、"做"、"思"，还要引导儿童在境中受到陶冶。最有效的诀窍就是"美"，因为"美"是教育的磁石，爱美是儿童的天性。因此在儿童情境学习中，我先后明确提出从"以美为突破口"到"以美为境界"，主张引导儿童感受美—理解美—表达美—创造美。正如康德所说，把美与形象、美与心灵、美与世界、美与真和善紧密地结合在一起。

在此，我举一实例说明儿童在真实的情境中将审美、情感、思维三者结合起来获得的意想不到的效果。

记得那年初夏，从南斯拉夫伏伊伏丁那体育中心传来喜讯，中国乒乓球健儿囊括七项世界冠军。我是那样急切地向孩子们报告着："乒乓球队的叔叔阿姨们在我们的国歌声中走上领奖台，伟大的中华人民共和国的名字，又一次镌刻在那辉煌的奖杯上……"这时，好些小手举起来："我们全班赶快写封信祝贺呀！""不，全班写一封信太少了，一人一封，才带劲儿！"一双双快活的眼睛告诉我，他们的心，正在为祖国的荣誉而欢跳……一个小男孩若有所思地说："要是能捎上一点礼物该多好！"我顺着孩子的思路给他们即兴设置一个"障碍"："但是叔叔阿姨是不喜欢我们乱花钱的，那该怎么办？"

第二天，晨曦初露，就有人来敲门。啊，是我的学生，一个可爱的小姑娘。她拿着两朵花，认真地说："老师，这是咱自家栽的长春花，我挑了两朵最大的，一朵送给叔叔，一朵送给阿姨，愿我们的体育事业像长春花一样永开不败。"多美好的祝愿！我激动得不知说什么好，只是紧紧地握着她的手，一起向学校快步走去。教桌上早已放好一大沓信，孩子们都围拢来："老师，我画了一座宝塔，愿乒乓球队的叔叔阿姨更上一层楼。""老师，我多么希望插上一对翅膀飞到叔叔阿姨身边，表示少先队的祝贺，所以我寄上两根小鸟的羽毛，作为我的礼物。""我没有什么礼物，以几块从江边捡来的小石子，向叔叔阿姨表示一个在长江边长大的孩子的心意！""还有我！"一向胆怯的小苇也挤到我身边，小心翼翼地打开手帕，细声细气地说："这只小小的玉蝴蝶，是爸爸过生日那天，奶奶送给爸爸的；我过生日时，爸爸又把它送给了我，如今我要把它送给叔叔阿姨留个纪念。"……啊，我惊喜不已。这些普普通通的小花、羽毛、石子、玉蝴蝶，顷刻间在我的手中一下子变得沉甸甸的了。我无法掂出它们的重量——其间渗透着孩子们的感情，那纯真而高尚的爱国之情！

我凝望着这些信件与"礼品"，两眼湿润了，那是播种者欢乐的泪水。我依稀看到，播下的热爱祖国思想的种子，已在那奇异的土地上萌发，并向着美好的未来微笑……

这充分表明，情境学习的美，儿童非常乐意接受，在优化的有美感的情境中，课堂是美美的，儿童的心灵也是美美的，进而产生积极的情绪反应。

当儿童持久地、多侧面地获得审美感受，就会一次又一次地产生对客观现实的美好的情感体验。随着这种体验的不断深化，儿童体验到审美愉悦，自然而然地产生审美情感和道德情感。正是"道始于情"，学生由此形成对美的追求，且择善而行，从而影响着学生道德意识和行为准则的形成。由此，审美情感、道德情感、理智情感可逐渐培养起来。这是对人的心灵的建构。这样，作为人的高级情感的素养在童年时期便得到熏陶感染。

正如美学家宗白华先生所说："事外有远致。"这种丰富的、纯美的、高级的情感是人的灵魂，是对人的心灵的塑造。让儿童在他们的意识，包括价值观尚未形成时，就逐渐感受到知识之美、世界之美、生命之美。虽然此时他们还不懂得也做不到"移我情入万物"，但从小接受过美的、有情的、智慧的熏陶，作为有情的生命个体也很自然地会在懵懂中依稀懂得"爱美"、"乐善"、"求真"，从而健康地成长为洋溢着情感生命的个体，甚至不自觉地把自己的情感移入大自然、移入生活、移入他人。这种作为人的高级情感对儿童心灵的塑造，将有效地丰富儿童的精神世界，为培养儿童核心素养、卓越品质提供了可行性。真、美、情、思，育人的理念，让儿童情境学习范式的建构具有前瞻性，关注儿童发展的未来的趋向，最终促进真正意义上的人的全面发展。

儿童情境学习范式的核心元素，情感活动与认知活动结合起来的核心理念，正是通过儿童在境中学、做、思、冶，突出儿童学习的主体性，使儿童获得全面发展，彰显儿童生命个体的多元色彩。

回顾探索中国式儿童情境学习范式的历程，是从儿童教育的现实出发，提出问题，不断地吸纳民族文化经典"意境说"的理论滋养，并且借鉴美学、心理学及脑科学、学习科学等方面的理论，集中外诸家论述，对儿童学习的规律认识一步步加深，一步步具体化和系统化。我深切地感悟到，是优秀的中华民族文化给予了我智慧的启迪，让我寻到了"源"，找到了"根"，引领我建构中国式儿童情境学习范式，从"美"与"情"、"情"与"思"、"情"与"理"、"情"与"认知"、"情"与"全面发展"的辩证关系逐步建构起来。儿童情境学习范式的实施，改变了儿童的学习方式和状态，从而让儿童在学习过程中获得探究的乐趣、审美的乐趣、认知的乐趣、创造的乐趣，使情境学习真正成为儿童生动活泼自我需求的活动。儿童情境学习范式经过漫长的实践探索和理论研究，充分显示出民族文化的独特优势，且又顺应世界教育改革发展的趋势，生动显现了东方文化的智慧。

参考文献：

［1］霍兔.暗示学的理论依据和它的原则［J］.外国教育资料，1981（2）.

［2］Marilee Sprenger. 脑的学习与记忆［M］.北京师范大学"认知神经科学与学习"国家重点实验室脑科学与教育应用研究中心，译.北京：中国轻工业出版社，2005.

［3］高文.学习创新与课程教学改革［M］.广州：广东教育出版社，2007：356.

［4］Eric Jensen. 适于脑的教学［M］.北京师范大学"认知神经科学与学习"国家重点实验室脑科学与教育应用研究中心，译.北京：中国轻工业出版社，2005：85.

［5］郭晋稀.文心雕龙译注十八篇［M］.兰州：甘肃人民出版社，1963：63.

（原载《教育研究》2017 年第 3 期，收入本书时做了较大幅度的修改）

《教育研究》为我师

——为《教育研究》创刊10周年而作

　　10年，在历史的长卷中，是微不足道的一个章节；而《教育研究》创刊的10年，从它对于我国的教育科学研究所起的作用来说，其功绩却是不可低估的。

　　我作为一个基础教育的实际工作者，由衷地感谢《教育研究》给予我的指导与支持！今天，在纪念《教育研究》诞生10周年的日子里，请编辑部代为接受一个小学老师对她的崇高的敬意与热烈的祝贺！

　　回忆10年前，在党的十一届三中全会春风的吹拂下，被"四人帮"摧残得萧索不堪的教育园地又复苏了。在这春天的召唤下，一种神圣的使命感，使我怀着满腔的热情，迈上了教育科学实验的道路。然而，其时仅仅是学步而已。学步是需要扶持与引导的。就在这教育科学实验工作急需理论指导的时刻，《教育研究》问世了。从此，我便成了她的忠实的读者。10年来，我从《教育研究》中吮吸了丰富的营养。她像一位老师，向我讲授了关于智力发展与知识的掌握以及能力培养三者之间相互依存、相互作用的辩证关系，向我阐述了美育、德育在提高人才素质中的意义及作用，向我展示了培养全面发展的新人以及教育改革趋向的美好明天……她不断地把我和许多读者带到一个新的天地里，使我开阔了视野，拓宽了思路，引导我去追求促进儿童整体和谐发展的教育最优化的境界。我深深感到《教育研究》不愧是我的良师!

10 年,一百几十本期刊,她不仅发表了具有理论高度和指导意义的论文,而且及时地介绍了国内外富有成效的最新的实验成果。求新、求实,使她无须华美艳丽的封面,而赢得了广大读者的敬重与偏爱,从而日益显示了她的权威性。编辑部本着"教育要面向现代化、面向世界、面向未来"的宗旨,一步一步引导着全国高等教育、普通教育以及职业技术教育的科研向着纵深方向发展。我个人进行的促进儿童整体发展的情境教学的实验,也在这改革的大浪潮的推动下前进了。我深感教育的实践,离不开教育理论的指导;只有在教育理论的指导下,教育的实践才能符合规律。

《教育研究》虽是全国最高的教育理论刊物,然而她一扫令人望而生畏的学究气。她对于基础教育,对于在教学第一线的实际工作者的点点滴滴的科研成果,同样予以珍视。那是 1981 年的春天,我把自己进行情境教学初步探索的体会,写成《语文教学上的创设情境》,试投编辑部。稿件寄出了,心里并不踏实。心想,一个大刊物,能看得上一个小学老师的稚作吗?没想到,春去夏至,拙作竟在当年的 8 月刊上发表了,当时的兴奋是不言而喻的。这意味着编辑部对来自第一线的探索,对处于萌芽状态的苗子是热情扶植的。我以为,这不仅是对基层的教育科学实验工作的支持,也是对作者的培养。不久后,编辑部向我约稿,我写了《试谈小学阅读教学中的思想教育与情感陶冶》,便又是一例。这就促使我努力把自己的实践进行理论的概括。实践经过理论概括后,再去实践,认识就深刻得多了。当我的第一轮实验结束时,学生无论在语文能力、思维品质,还是道德表现方面,都是比较好的。原因何在呢?我琢磨着,经过去粗取精,综合分析,初步总结出促进儿童发展的"五要素",写成《从整体出发,着眼儿童发展》一稿,再一次在《教育研究》上发表(1985 年第 1 期)。文章的发表,使我对"整体"、对

"发展"的认识进一步加强，增强了用系统的整体的观念来进行教育科学实验工作的自觉性。于是，我很自然地从单科的整体实验过渡到各科的整体实验。学校实验组的老师们，把这篇文章中的五要素，即"以培养兴趣为前提，诱发主动性；以指导观察为基础，强化感受性；以陶冶情感为动因，渗透教育性；以发展思维为重点，着眼创造性；以训练语言为手段，贯穿实践性"作为加强各科横向联系的结合点，使不同的老师、不同的学科，通过共同掌握这五要素，并使之协同和谐起来，努力做到"整体优化"、多角度地促进儿童整体发展。

编辑部发表作者的文章，似乎是天经地义的事，但是这对于一个具体的作者的影响，连同作者进行的实验项目，以至终身的志趣，往往会发生关键性的作用。当编辑部第一次发表我的文章时，实验工作正处于极为困难的时期，那时，我是多么需要支持，需要鼓励。当时拙作的发表，给了我莫大的力量，使我有勇气把情境教学的实验与研究工作坚持下去，并持续至今。而且得知拙作发表的反响颇好，《语文教学上的创设情境》《从整体出发，着眼儿童发展》分别获中央教科所《教育研究》研究教育现实问题优秀文章奖及中国教育学会第二次学术讨论会教育论文奖，这更使我感受到一个实际工作者在小学教育这个岗位上坚持教育科学实验工作的意义及价值，从而鞭策我逐步走上自身理论与实践相结合的道路，并决心终身在小学教育的实验园地里耕耘。

在庆贺《教育研究》创刊 10 周年之际，我写了上面这些话，以表示一个学生对老师、一个作者对刊物的崇敬与感激之情，并概括成四句话加在后面：

《教育研究》为我师，

引我研究新教育；

深感教育需研究，

共探中国教改路。

(原载《教育研究》1989 年第 4 期)

脚踏实地　追求卓越
——访特级教师李吉林

《教育研究》编辑部

记者：李老师，您长期从事小学语文教学工作，多年来不断勤奋探索，不但在教学工作上取得了优异成绩，在教育科研上也成果甚丰，成为著名的学者型（研究型）教师。您认为，作为一名学者型（研究型）教师应具备哪些素质？

李吉林："教师"与"学者型教师"，显然是有差异的。"教师"的前面冠以"学者型"，就意味着有学识、有研究、有见解，甚至有所建树。既然是这样的标准，作为学者型教师，我以为至少在三方面应具有良好的素养：一是思想道德素养；二是理论素养；三是业务素养。

先说思想道德素养。高尚的思想道德是一个教师的灵魂，学者型教师更不能例外。一个学者型教师应该对事业执着，对学生挚爱，进行研究的目的就是为了学生健康地成长，充分地发展。这样，研究的方向才不失偏颇，研究的内容才有价值。有了这样的境界，就会产生一股子劲，驱动着他（她）去学习、去研究，如此日积月累，必然会产生飞跃，才能从一个普通的教师成长为一个有学识的教师。

关于理论素养。我想"教师"与"学者型教师"最大的差异就是理论素养的高低。缺乏教育理论的支撑，教师的工作只能是凭着感觉走，充其量是经验型的；只有在理论的导向下，才有可能掌握教育规律。随着素质教育的深化，各学科的教学都日渐体现多元化的思想，教师除了学科知识，还需要人文方面的修养。因此，一个学者型教师，他的学识，应该由教育理论、学科知识，连同相关的人文素养三个板块来构建，形成良好的理论素养。

关于业务素养。学者型教师，说到底是"教师"，教师的重要职责就是教育、培养学生，既能做到"乐教"，又能做到"善教"。对教材的把握，教学的设计，教学的语言，驾驭课堂的能力，以及尊重学生的理念和一系列的教学艺术、教学的技能技巧，都应该是上乘的。

记者：成为学者型教师，要经过长期的艰苦的努力，您在这方面有些什么体会？

李吉林：谈到我自己，至今我都不敢大言不惭地说，我就是一个学者型教师。不过，我可以坦然地说，我不是一个教书匠。作为一个教师，首要的是人品，是师德。孔子，就被人们敬奉为"天地宗师"。教师应该是一代宗师，是被人们尊称为"先生"的人，内心应自有一种尊严感，这种尊严感可以帮助自己脱离低俗和谄媚。所以一个教师崇尚什么，热爱什么，追求什么，往往正是其精神世界的显露。我从小家境贫寒，母亲含辛茹苦养育我，新中国的诞生给劳苦大众带来了新生，我也是其中的一个。参加工作后，我全身心地投入教育事业，以报效祖国。改革开放给我们带来了新的机遇，我倍加珍惜，积极投身到教育改革的洪流中。曾记得我给《教育研究》写过一篇小文，题目就是"对祖国的情，对学生的爱"，篇幅虽短，但道出了我内心世界美好的情爱。一个教师对祖国的情感，必然化为对学生的无穷尽地给予，而不是索取。我常常想，每一个家长把孩子送到学校、送到自己的手上，而每一个孩子的每一天，绝大部分的时间是在学校，在教师的身边度过的。教师对他们是冷漠，还是挚爱，对工作是应付，还是全身心地投入，都直接影响孩子的成长，决定孩子童年生活的质量，这些甚至是孩子的父母都无法替代或弥补的。作为教师，毫无疑问地应该为每一个孩子营造幸福的童年，让他们感受到学习的快乐、成长的快乐。我想这应该是何等神圣的使命，所以我自己和学生是情相连、心相通，这种深切的情感和强烈的责任心，天长日久，便形成了为孩子幸福成长而追求教育完美境界的理念，从朦胧到清晰，从清晰到急切。我常常想，小学语文虽浅犹深，一篇篇课文，实际上展示了一个丰富的情感世界，既富有诗意，又蕴含哲理，充满着美感和智慧。儿童通过这些课文，在学习祖国语言文字的过程中，完全可以受到人文精神的熏陶，培养起作为人的审美情感和道德情感，潜在的智慧得以开发。我深感要达到这样的境界，需要一种锲而不舍的精神，始终不渝的情爱。我更懂得没有这种精神，没有这种深沉的爱，就没有情境教学，更没有情境教育。为了情境教学，我苦恼过、委曲过，甚至不止一次地哭过。但是孩子贴在我的心上，孩子是苦恼，还是快乐，那目光、那神情，常常是我魂牵梦绕的。我心中对学生的这种纯真的情感、赤诚的师德，产生了巨大的力量，使我在教育的实践与研究中有可能坚持不懈，甚至百折不回。二十多年来，我从不左顾右盼，认准一个目标：一切为了孩子的发展。所以在搞情境教学的过程中，我首先提出的问题就是"能不能把外语情景教学移植到我们汉语的小学语文教学中来，让孩子学习语文不至于这样枯燥乏味"；在汲取了古代文论"意境说"理论营养后，相继提出"能不能应用'意境说'的原理，通过情境创设来丰富作文题材，让孩子用自己的笔写自己的话"，"运用情境教学，如何在阅读教学中进行审美教育，以培养孩子美好的情感"，以及"如何优化情境，促进儿童的整体发展"等，这一系列的问题都是针对儿童的需求、教师的困惑、教学的弊端提出来的。提出问题后，学习相关理论，付诸实践，然后总结概括。

在这探索的过程中，我像干渴的苗木拼命地吮吸理论营养。为了创设典型的场景，我多少遍漫步在家乡的山川田野。一棵大树，一朵小花，在凝神观察中常常会引起我的奇思妙想；淅淅沥沥的春雨，纷纷扬扬的大雪，轻纱般的晨雾，隆隆滚地的雷鸣，又让我想到孩子会提出多少疑问。为了把自己的感受写下来，夏日蚊虫的侵扰，冬天久坐的寒冷都熬过。多少年没有假日，甚至春节也乐意伏案工作。我把自己探索中所经历的提出问题、学习理论、坚持实践、及时总结，概括为四个字，即思、学、行、著，说得通俗些就是想想、学学、做做、写写。而这四个字之所以能循环往复，二十多年来持续进行，就是出于对教育、对学生的爱，所以教师的思想道德素质是首位的。

谈到我个人的成长，我想应该用得上中国的古语：天时、地利、人和，三者缺一不可。先说"天时"，改革开放为我们提供了前所未有的机遇，我因为珍惜，抓住了它，而一抓就是二十多年。再说"地利"，就我所成长的南通市来说，因为清朝末年状元张謇实业救国的思想，创建了全国第一所师范学校，建立了全国最早的博物馆。因此，南通这座江滨小城，文化的积淀比较深厚，是个人文荟萃的地方。这对在南通土生土长的我来说，是一种文化的熏陶，尤其是我所就读的南通女子师范学校，更培养了我终身从教的志向，以及可以满足孩子需求的各方面的才能，为我进行情境教育的实验打下了必要的基础。谈到"人和"，那当然是长期以来各级领导、许多热心的专家，尤其是我工作了四十多年的南通师范学校第二附属小学的校长、老师们的长期支持、理解、合作，这种人与人之间的亲和关系，为我的成长，铺就了一片沃土。当然，自身的因素也是关键的，那就是三句话：追求境界要高，跨步要实，为人心地要善。

记者：您在教学园地中耕耘了几十年，提出了情境教育理论。那么，情境教育的研究是如何向更深（深入到课堂教学操作）、更广（不仅限于语文学科，限于教学，而向其他学科、教育领域扩展）发展的？

李吉林： 情境教学、情境教育，在我思想上是一个开放的系统，因为只有开放，才能发展；封闭则意味着僵化、消亡。情境教学之所以能发展到情境教育，根本的原因是情感的驱动，是自己教育理念的不断更新。当情境教学在语文学科得心应手地运用起来，并取得了令人信服的效果后，我没有沾沾自喜，我想到的仍然是孩子。我认真进行了总结，自己向自己提出："情境教学为什么能促进孩子的发展，其要素是什么？"从"果"推向"因"，从促进儿童发展的前提、基础、核心、动因以及手段五个方面做了回答，总结了五条：1. 以培养兴趣为前提，诱发主动性；2. 以指导观察为基础，强化感受性；3. 以发展思维为核心，着眼创造性；4. 以陶冶情感为动因，渗透教育性；5. 以训练语言为手段，贯穿实践性。当第一轮实验结束时，我思考着：有没有哪个学科促进学生的发展不需要诱发主动性，不需要强化感受性，不需要着眼创造性，不需要渗透教育性，不需要贯穿实践性？于是猛然悟出，情境教学不仅适用于小学语文教学，也同样适用于其他各科教学，情境教学不仅属于小学语文，也应该属于整个小学教育，从而认识到它的普遍意义。教育本来就应该是和谐的，儿童的发展是整体的，各科老师，一班人马的理念、步调，应该是统一的。这五要素就可以用来统一、沟通大家的思想。在理论上做了初步的假设，更重要的是到实践中去尝试。首先从相邻学科思想品德着手，进而到音体美，然后到数学、科学常识。在拓展过程中，我既把握了各学科的共性，又注意体现各学科的个性。例如，数学就不是以图画、音乐、表演这些艺术的直观为创设情境的主要途径，而是根据数学的学科特点，主要创设探究的情境，让数学与生活相通，把数和形结合起来，让学生感受到数学同样是可以捉摸的，是生活和生产的需要产生了数学；并通过再现数学公式、定理创造时的那个情境，让学生在学习数学的同时，不仅学习了数学的知识，而且能感受到人类的智慧，感受到数学学科内涵的人文精神，从而丰富了儿童的精神世界。

一段时间的实践，证明了情境教育促进儿童素质全面发展的可行性、有效性。我又想，如何通过更多老师的教学，让更多的孩子受益？我从拓宽教育空间、缩短心理距离、利用角色效应、注重创造和操作四个方面构建了情境教育的基本模式，让学生作为主体，在宽阔的教育空间中，在亲和的师生关系中，通过自己的思维和实践活动，得到充分的发展。并且依据马克思主义哲学观点和现代心理学的成果，阐述了情境教育的基本原理，即暗示导向原理、情感驱动原理、角色转换原理以及心理场整合原理，使情境教育在更宽阔的背景下寻求到理论的支撑。

情境教学发展到情境教育，虽一字之差，却是一次飞跃。情境教育的出现受到教育部领导以及理论界的关注与高度评价，我感到十分欣慰。但是我想发展是没有极限的。发展的方向是什么？就是学生成长的需要，老师应用的需要。于是，当国家三令五申提出减轻负担，进一步推行素质教育，并明确提出以培养学生创新精神与实践能力为重点时，作为一名教育实际工作者，我更理解第一线老师的需求，即减轻负担后怎么向课堂40分钟要质量，对学生创新精神和实践能力的培养如何落实在各个学科的每堂课上。于是，在情境教学从微观的学科研究发展到较宏观的整个小学教育的研究后，进而又通过"细化"，向各科教学的具体操作发展。根据大量的实践，我概括出情境教育在课堂教学中的操作要义：以美为境界，以情为纽带，以思为核心，以儿童活动为途径，以周围世界为源泉，进一步体现情境教育的本质特征。这样可以在美的情境中，促使学生"情"与"智"的交融，学生得以充分地活动、主动地发展。同时，开发了情境课程，其中包括美、智、趣的学科课程，主题性大单元综合课程，野外教育课程，专项训练微型课程，以及低幼衔接的过渡性课程。作为主战场的学科情境课程，主张在优化的情境中，把学科课程与活动课程结合起来，使儿童活动顺乎自然地融入学科教学中，为体现学生的主体地位，开辟了一条有效途径。这样，进行情境教育实验的学校和基地都可以通过校本情境课程来具体实施。

记者： 从您的叙述中，使我们更真切地感受到中小学教师学习教育理论、参加教育科研对于提高自身的各方面素质是十分必要的，您的经历具有很强的说服力，对大家将有很大启发。

李吉林： 提高自我是每一个人，尤其是教师永恒的生存法则。我虽是花甲之年的人，提高自我的需求仍然非常地急切，不学习，就会落伍。因为教育科研本身就是开拓探究的学术活动，结合理论的学习进行科研会极大地提高自己的学术水平。在 1978 年情境教学实验起步时，真没想到自己的专著能获奖，仅 1989 年、1999 年，教育部两次评全国教育科研优秀成果奖，我两本专著都获得了一等奖。在 2000 年年底，我主持的教育部"九五"重点课题"情境教育促进儿童素质全面发展的实验与研究"结题，全国教育科学规划领导小组的学科专家们给予了高度评价，认为该研究"具有前瞻性，又有重大的理论和现实意义"，认为"情境教育以其独树一帜的理念和操作体系，在许多领域做了富有开拓性、独创性的研究，丰富、发展了当代教育、教学理论和教育改革实践"，指出"情境教育成果已经成为具有中国特色的社会主义教育的一笔宝贵财富"。当时听完鉴定意见后，我激动得泪水夺眶而出，我深深地感到教育科研使人变得聪明了，思想敏锐了，在实践中办法多了，在理论上认识也有了一定深度。我十分欣喜地说，教育科研也开发了我潜在的智慧，教育科研改变了我的命运，使我获得了充实而丰富的人生。不仅我一个人，许多中小学老师走的科研之路都有力地证明中小学教师学习教育理论、参加教育科研，对于提高自身的各方面素质是十分必要的，而且是十分有效的。

记者：您在多年潜心教育科研，辛勤培育下一代的同时，还培养了许多优秀青年教师，在传帮带的过程中，您有些什么经验和体会？

李吉林：对于年轻人，我一直怀着美好的情感。我羡慕他们朝气蓬勃，我赏识他们各有各的才华，我也疼爱他们，因为他们是孩子的希望。所以早在1990年，在学校很多老师打拜师报告，要我收他们为"徒"的情况下，我向学校提出建议，成立青年教师培训中心，我以辅导员的身份，组织他们学习，从师德规范、教育科研、教育理论、教学艺术、教学领导各个方面要求他们，指导他们，和他们一起学习。我觉得和年轻人在一起，自己的心也年轻了许多。我从不以一个长者、一个知名教师居高临下地看待他们，苛求他们，而是在他们中间，倾注真情，这是很重要的一点。我把许多外出讲学的机会让给年轻人，一方面向邀请单位热情推荐他们，另一方面又给予具体指导，保证他们在外讲学获得成功。在他们外出前我常常帮他们准备讲稿，指导他们备课，修改教案、听试教，有时甚至为他们准备干粮、水果。这些年来，我带的青年教师有16人先后到全国20多个省市讲学一百多场，都获得了好评。对青年教师，我既看到他们的长处，又严格要求他们，更多的是热情地支持他们，让他们从较小的成功，走向较大的成功，在成功中获得自信，在成功中实现自身的价值，从而培养起他们对事业的情感。因此，我在青年教师心目中，不仅是老师，也是可以亲近、可以信赖的朋友。

记者：谢谢您接受我们的采访。

（原载《教育研究》2001年第12期）

出版人　李　东
责任编辑　池春燕
版式设计　宗沅书装　孙欢欢
责任校对　贾静芳
责任印制　叶小峰

图书在版编目（CIP）数据

我在实践中研究教育：《教育研究》发表李吉林论
文专集／李吉林著. — 北京：教育科学出版社，
2019.6
　　ISBN 978-7-5191-1922-5

　　Ⅰ．①我… Ⅱ．①李… Ⅲ．①教育研究—文集 Ⅳ.
①G40-03

　　中国版本图书馆CIP数据核字（2019）第126844号

我在实践中研究教育——《教育研究》发表李吉林论文专集
WO ZAI SHIJIAN ZHONG YANJIU JIAOYU——《JIAOYU YANJIU》FABIAO LI JILIN LUNWEN
ZHUANJI

出版发行	教育科学出版社		
社　　址	北京·朝阳区安慧北里安园甲 9 号	市场部电话	010-64989009
邮　　编	100101	编辑部电话	010-64989441
传　　真	010-64891796	网　　址	http://www.esph.com.cn
经　　销	各地新华书店		
制　　作	宗沅书装		
印　　刷	中煤（北京）印务有限公司		
开　　本	720毫米×1020毫米　1/16	版　　次	2019年6月第1版
印　　张	14.25	印　　次	2019年6月第1次印刷
字　　数	167千	定　　价	68.00元